COLLECTION DE M. ALBERT B***

ANTIQUITÉS GRECQUES

VASES PEINTS DE LA GRANDE-GRÈCE ET DE L'ATTIQUE

TERRES CUITES DE TANAGRA

POTERIE ET VERRES CHYPRIOTES

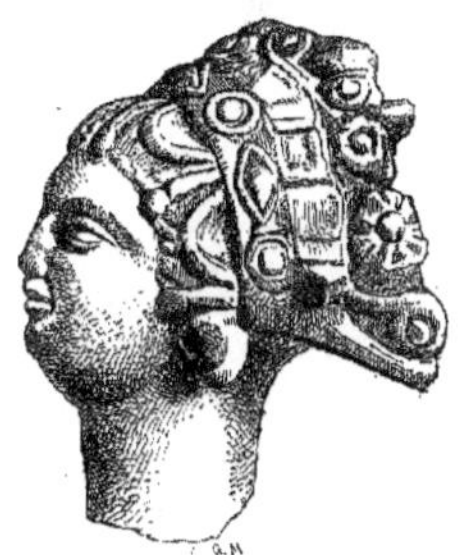

La Vente aux enchères publiques aura lieu :
A L'HOTEL DES COMMISSAIRES-PRISEURS, 9, RUE DROUOT
SALLE N° 6, AU PREMIER ÉTAGE
Les Jeudi 16, Vendredi 17 et Samedi 18 Mai 1878,
à deux heures précises.

Mᵉ **MAURICE-DELESTRE**, Commissaire-Priseur, | **M. H. HOFFMANN**, Expert,
27, rue Drouot. | 33, quai Voltaire.

EXPOSITION PARTICULIÈRE : le Mardi 14 Mai | EXPOSITION PUBLIQUE : le Mercredi 15 Mai
de une heure à cinq heures.

Le Catalogue servira de carte d'entrée pour l'Exposition particulière.

Prix du Catalogue illustré (26 vignettes, 7 chromolithographies et 5 photographies) : 50 francs.

PARIS — Avril 1878.

La collection de M. Albert Barre a ce qui manque à beaucoup de collections, elle a un caractère. Les séries dont elle se compose, trois ou quatre, forment un ensemble, une suite presque ininterrompue, qui prend l'art grec à son réveil et le conduit jusqu'à l'époque d'Alexandre. Terres cuites, vases peints, antiquités chypriotes : chaque groupe présente une image complète du développement de l'art. Ce n'est pas au point de vue de la science que les objets ont été choisis ; une pensée artistique a présidé à leur réunion. Tout relève de cette pensée et tout y ramène.

Les terres cuites de Tanagra, par leur nombre autant que par leurs inimitables qualités, occupent la première place dans cette collection. Elles feraient l'ornement d'un musée. A leur tour, les vases peints représentent des sujets de la plus haute importance. Les antiquités de Chypre : sculptures, figurines, poteries, verres, nous permettent d'étudier ce genre par ses aspects principaux et de ressaisir la filiation entre l'art phénicien et l'art hellénique. Certes, ce fut une tâche difficile que de mettre en regard et de maintenir en harmonie des séries si inégales de tendance et de valeur ; mais le problème a été résolu avec bien du tact, avec cette intuition fine et distinguée qui est le patrimoine des amateurs français depuis le comte de Caylus.

Mon travail personnel se réduit à peu de chose. J'ai fait reproduire quarante-quatre objets des plus marquants, soit au moyen de la gravure, soit par la photographie ou la lithographie en couleurs. Le moindre croquis vaut mieux que la description la plus exacte ; on voit les objets de loin, on est à même de les apprécier d'un coup d'œil et d'asseoir un jugement. Quant au texte, je n'ai appuyé que sur les détails qui profitent directement à la science. Un catalogue n'est pas une dissertation ; c'est un inventaire, bref, rapide, entrecoupé, qui change d'un numéro à l'autre et ne supporte pas de lecture suivie. Pour obvier à ce défaut, j'ai réuni sur quelques pages tout ce qui pouvait se détacher de la description des monuments. Ces *en-tête* donneront une idée plus claire, plus vivante des fouilles de Chypre et de Tanagra. Loin de diminuer les objets, c'est les grandir et en doubler l'intérêt que de les rapprocher de leur source.

FRŒHNER.

22 Avril 1878.

ANTIQUITÉS DE CHYPRE

A découverte des grandes nécropoles de Dali tient une place trop élevée dans l'histoire des fouilles contemporaines pour qu'on ne soit pas tenté d'y insister, surtout en face d'une collection qui lui doit ses richesses et son attrait. La vue d'un ensemble d'objets antiques, du même style, peut-être de la même main, et trouvés au même endroit, équivaut à l'exploration d'un tombeau. On voit devant soi les caveaux funéraires d'où ils sont extraits, on y entre de plain-pied.

Vers *1865*, un paysan de Dali se mit à la recherche de quelques pierres de taille pour bâtir une maison. En Chypre, les pierres sont tout équarries; on entame la première colline venue, et bientôt les substructions d'un temple ou les murs d'une ville grecque fournissent les matériaux d'une ville nouvelle. Cette manière de faire y est de tradition depuis le règne des Lusignan, et on n'a pas besoin de s'y raccoutumer. Après avoir creusé le sol à une faible profondeur, la pioche du paysan vint se heurter contre une dalle qui servait de porte d'entrée à un tombeau phénicien. Deux grands vases, ornés de dessins linéaires, et quelques autres de petites dimensions entouraient le squelette. Le consul d'Amérique, M. de Cesnola, continua les fouilles, et une quantité de sépultures, remplies de vases, de bronzes, de terres cuites, furent ouvertes à proximité de la première. On avait retrouvé la nécropole de l'ancienne Idalium.

Il fallut trois ans pour explorer, je ne veux pas dire épuiser, ce terrain vierge. Bijoux d'or, scarabées intailles en pierres précieuses, verres d'une irisation éblouissante s'offrirent bientôt en grand nombre., C'était le cimetière gréco-romain qui rendait ses trésors, enfouis là depuis le siècle d'Alexandre. A chaque pas, un tombeau. Dans l'un, une feuille d'or estampée, un diadème funéraire encore adhérent au crâne du mort; dans l'autre, des fibules, des boucles d'oreilles, une bague avec son inscription au pointillé, une ampulle ressemblant à une conque de nacre. Puis, de temps en temps, quelque stèle grecque ou une lampe avec l'estampille du potier apparut dans la tranchée, comme pour marquer une date. D'énormes sarcophages, d'un seul bloc, sans sculpture ni couvercle, renfermaient parfois le squelette et sa parure mortuaire. Ces cercueils de pierre ont dû être très-communs dans l'île de Chypre. Le nom actuel de Citium signifie la « ville aux sarcophages »; on pense involontairement à Arles.

Nous touchons à un détail dont l'exactitude a été mise en doute, mais qui n'en a pas moins son degré de vraisemblance. M. de Cesnola affirme que les tombes chypriotes se trouvaient au-dessous du cimetière grec, plus profondes de deux ou de trois pieds. Les générations successives auraient établi là leurs champs de repos, non en se dépossédant les unes les autres, comme on ferait de nos jours, mais le fils respectant les cendres des aïeux. Il est à regretter que la science n'ait eu qu'une faible part dans l'exploration de Dali, et que les résultats de ces fouilles ne lui aient pas profité dans leur plénitude. On estime à dix ou quinze mille le chiffre des tombeaux explorés, ce qui veut dire que personne ne s'est donné la peine de les compter. Dans toute cette campagne, on n'avait qu'un but : arracher à la terre le plus de bijoux possible. M. de Cesnola n'herborisait pas, il cueillait les fruits.

Malgré cela, nous sommes à même de classer, dans leur ordre chronologique, la plupart des objets trouvés à Dali. Les points de comparaison ne font pas défaut; ce qui manque, c'est la certitude. En étudiant ces objets, on voit que la nécropole la plus ancienne est celle du village d'Alambra. Les vases et les terres cuites qu'on y a recueillis portent le cachet d'une époque tout à fait primitive. Figures modelées au pouce, de formes grotesques, d'exécution rudimentaire; vases à la structure lourde, aux parois épaisses, ornées de stries en barbe de flèche. C'est de là que viennent ces enfants couchés dans leur berceau (n°s 140-141), ces statuettes de Vénus si aisées à confondre avec des singes (n°s 142-144), puis quelques terres cuites peintes, comme les cavaliers sans jambes (n°s 147-148), les hoplites au torse enté sur une colonne (n° 145). Quatre-vingt-deux sépultures, taillées dans le roc, ont été ouvertes dans le monticule d'Alambra, et, à côté des pièces que je viens de citer, on a recueilli des objets en bronze : couteaux, spatules, fers de lance.

Le cimetière phénicien présentait un autre aspect. Là les tombes étaient creusées dans le sol, à dix pieds de profondeur au plus. Chacune avait la forme d'un tholos, d'une cavité hémisphérique dont la voûte se composait d'un mélange de terre glaise et de paille hachée. La poterie qui entourait le mort était en terre blanche ou rougeâtre, décorée de peintures. Amphores, barillets, guttus à long col terminé en bec d'oiseau, gourdes cerclées de belières, vases imitant le corps d'un taureau, d'une colombe, d'un poisson, toutes ces formes bizarres s'y trouvaient réunies. J'en ai noté plus de cinq cents variétés. On est confondu en voyant aux débuts mêmes de l'art, une telle hardiesse d'invention, un tel jet d'originalité, soutenu déjà par la connaissance la plus parfaite des procédés techniques. Le potier grec, à son tour, aura ses qualités; il adoptera plusieurs de ces formes primitives; un souffle de son génie les animera, leur donnera la grâce et la beauté; mais il n'aura jamais la même abondance de combinaisons.

La céramique phénicienne de Chypre ressemble aux poteries de Mycènes et de Troie. Et cet air de famille se retrouve jusque dans les ornements, qui remontent à l'antiquité la plus reculée. Une profusion de cercles concentriques, de rondelles, de lignes ondulées, de losanges en échiquier, de bandes perpendiculaires décorent la surface du vase. Il y a bien une certaine monotonie, mais souvent aussi les lignes se croisent et se brisent, comme pour dérouter l'œil. Gardons-nous de voir un caprice là où tout obéit à une règle, car ce genre de décor, simple ou compliqué, fut l'héritage de presque tous les peuples primitifs. On peut en dire autant de ces petites croix à bras recourbés, ou de ces yeux peints sous l'embouchure du vase, en guise de talismans.

Après le décor linéaire, l'artiste vise plus haut. Les fleurs de lotus, les arbres, les serpents, les oiseaux entrent en scène; la rosace sacrée, accostée de deux cygnes, devient un sujet favori. Puis on aborde courageusement la figure humaine, sans savoir dessiner ni jambes ni bras. Rien de plus curieux que les premiers efforts de l'art de la peinture, cette laideur, on dirait systématique, des personnages qu'il reproduit. Et ces efforts, le peintre ne sait pas les proportionner à ses moyens. Il compose des tableaux entiers : une Procession de prêtresses (pl. III), un Combat de taureaux, un Char au galop, entouré de divinités (pl. IV). Souvent même, on a les tableaux en double, l'un sur le devant, l'autre au revers du vase.

Les terres cuites coloriées, dont j'ai fait graver les plus intéressantes, sont contemporaines de ces poteries. Seuls, les vases à vernis rouge semblent moins anciens, bien que leur genre d'ornementation, les rouelles, les cercles concentriques, les têtes en ronde bosse, ne permettent pas de leur assigner une date trop récente. Ils se distinguent déjà par une grande élégance, et le peu d'épaisseur des parois indique nécessairement un progrès sur l'époque archaïque.

Quant aux autres séries, les sculptures en pierre calcaire, les verreries, les lampes, qui, dans la collection de M. Albert Barre, représentent l'art des siècles suivants, elles touchent de près à l'art grec. C'est dire qu'on peut les juger sans être archéologue, et qu'il suffit d'un coup d'œil pour s'y plaire et s'y orienter.

I. — POTERIE PRIMITIVE — VASES PHÉNICIENS A DÉCOR GÉOMÉTRIQUE

1. Coupe hémisphérique à parois très-épaisses, avec goulot et anse surélevée. — Fabrique égyptienne.

    Terre rouge. — H 0,095. L. totale 0,26.

2. Coupe hémisphérique à parois épaisses, munie d'un petit appendice perforé. L'intérieur et la bordure de l'orifice sont peints en noir; à l'extérieur, au-dessous de cette bordure, se déroule une bande de couleur violette.

    Terre jaune. — H 0,095. D 0,15.

3. Petit vase ovoïde, vernissé de rouge au dehors et de noir à l'intérieur. Barbes de flèche et autres décors linéaires, gravés au trait.

    H 0,07. — D 0,08.

4. Lécythe piriforme à vernis rouge. Même genre de décoration.

    H 0,14.

5. Coupe ornée de granulations en relief qui ressemblent à celle de la fraise ou de l'arbouse. Le bord seul est lisse.

    Terre blanche; vernis brun. — H 0,07. D 0,078.

6. Grande *Prochous* à anse plate, le corps orné de deux cercles et de deux nervures en saillie. Ce genre de poterie est excessivement rare.

    Vernis gris foncé. — H 0,29.

7. Œnochoé à panse conique.

    Terre grise. — H 0,29.

8. Lécythe en terre grise, décoré de stries au pointillé. Au milieu de la panse, une bande lisse.

    H 0,14.

9. Terre cuite simulant un *guttus*, à parois très-épaisses, composé d'une protome de taureau et de la partie antérieure d'un oiseau. Le taureau a les lèvres entr'ouvertes; le col de l'oiseau fait office de goulot. Dans le bas, une petite base en forme d'entonnoir. *Voir les deux vignettes à la page suivante.*
    Le taureau figure sur les monnaies de Chypre et sur le fameux vase d'Amathonte. Chez les Grecs, βοῦς Κύπριος était devenu une locution proverbiale.

    Terre rouge brique; peinture noire et rouge foncé; gravure au trait. — H 0,21. L 0,25.

10. Taureau dont le corps est déprimé de façon à former un quadrilatère. Vase de style primitif, muni d'un goulot droit qui sert d'attache à l'anse. Décors linéaires.

    Terre blanche; peint. noire. — H 0,14. L 0,19.

11. Taureau gris à raies blanches; *guttus* orné d'une anse et d'une belière. L'anse est placée sur le dos, la belière sur le front du taureau.

> Terre grise; peinture blanche. — H 0,155. L 0,20.

12. Taureau rouge à raies blanches; *guttus* muni d'une anse plate.

> Terre rouge brique; peinture blanche. — La corne dr. et la jambe dr. de devant sont brisées. — H 0,15. L 0,25.

13. Taureau brun à raies blanches; vase de style primitif, avec une anse plate surélevée.

> Terre brune; peinture blanche. — La corne droite est brisée. — H 0,135. L. 0,20.

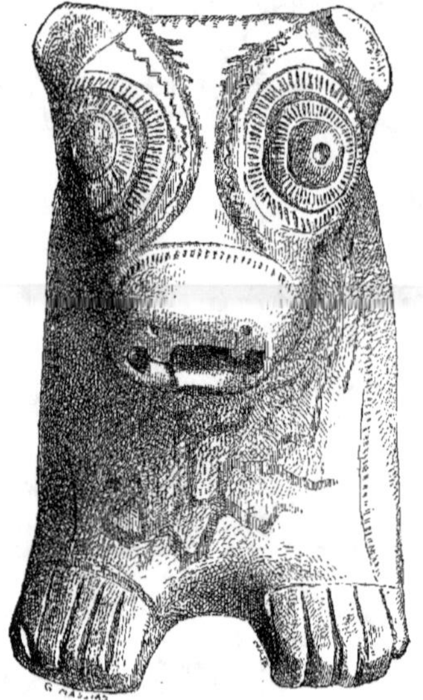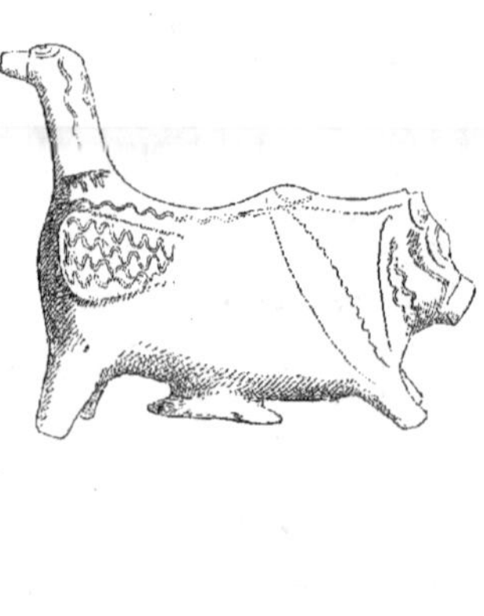

N° 9.

14. Rhyton en forme de corne de taureau, muni d'une anse. Décors géométriques.

> Terre blanche; peint. noire. — H 0,20.

15. Rhyton en forme de corne de taureau, décoré de dentelures et de lignes ondulées.

> Terre blanche; peint. rouge. — L 0,14.

16. Outre avec un buste de quadrupède en saillie, un anneau servant d'anse et un goulot en forme de bec d'oiseau. Décors géométriques au trait.

> Terre blanche; vernis rouge. — H 0,12.

17. Outre terminée d'un côté par une protome de quadrupède, de l'autre par un goulot en saillie. Décors linéaires, anse surélevée.

Terre rouge ; peinture noire. — H 0,15. L 0,19.

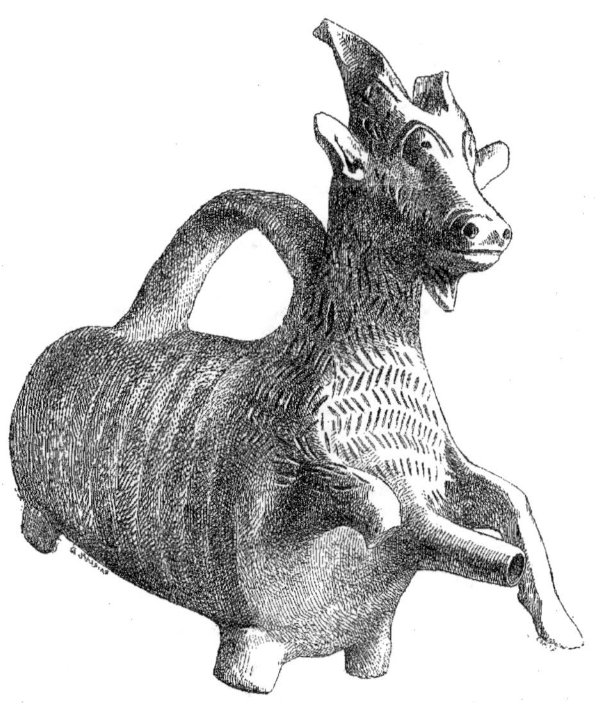

N° 18.

18. *Guttus* en forme de barillet, muni d'une anse et orné d'une protome de chèvre en ronde-bosse. Les poils et d'autres détails sont gravés au trait. Un goulot horizontal s'adapte à la poitrine de l'animal. *Voir la vignette.*

Terre jaune colorée de rouge. — La jambe droite de la chèvre est en partie brisée. — H 0,15. L 0,17.

19. *Guttus* en forme de colombe, dont le bec servait de goulot.

L'anse et un second goulot, qui se trouvait en saillie sur le dos de l'oiseau, sont brisés. — Terre rouge, enduit blanc. — L 0,23.

20. *Guttus* en forme de corps d'oiseau. Un goulot à embouchure trilobée et un petit appendice sont fixés aux deux extrémités du vase ; au milieu, une anse. Le goulot est orné de cinq, la panse de neuf oreillettes. Décors géométriques.

> Terre blanche ; peint. noire. — L 0,19.

21. Vase à panse rectangulaire. Le goulot, qui se termine en bec d'oiseau, est accosté d'un petit oiseau en ronde-bosse. Losanges et chevrons quadrillés.

> Terre rouge brique ; peint. rouge foncé. — H 0,175.

22. *Guttus* en forme de saumon, soutenu par trois petits pieds et surmonté d'un goulot droit qui sert d'attache à l'anse. Les ouïes sont gravées à la pointe.

> Terre blanche. — H 0,13. L 0,21.

23. Gourde surmontée d'un goulot et d'un buste humain avec son bras droit. Le buste, de style primitif, a le cou démesurément allongé et le bras trop court ; les yeux et la bouche sont gravés à la pointe.
Stries et lignes ondulées en relief. La panse est munie de deux oreillettes et d'une petite anse.

> Terre blanche ; traces de peinture noire. — H 0,15.

24. *Guttus* en forme d'anneau, posé sur trois pieds. L'anse est surélevée, le goulot droit et terminé en bec d'oiseau ; toute la surface du vase est munie d'oreillettes : on en compte dix-neuf sur l'anneau, huit sur le goulot et trois sur l'anse. Dentelures et losanges quadrillés.

> Terre blanche ; peinture noire. — L'un des pieds est perforé ; les deux autres sont modernes. — H 0,17.

25. Vase en forme d'anneau, décoré de carreaux et de lignes ondulées. Il est monté sur quatre pieds, muni de quatre oreillettes, d'une anse surélevée et d'un appendice en forme de tête d'oiseau.

> Terre blanche ; peint. rouge. — H 0,09. D 0,09.

26. Vase formé de trois petits *scyphus* juxtaposés et surmonté d'une anse très-élevée. Ornements quadrillés.

> Terre blanche ; peinture rouge. — H 0,21.

27. Vase formé de trois boules superposées, muni d'une petite anse et d'un goulot qui se termine en bec d'oiseau. Seize oreillettes ; décors quadrillés.

> Terre blanche ; peinture noire passée au rouge. — H 0,21. — Deux oreillettes sont brisées.

28. Vase formé de trois récipients sphériques, dont les deux premiers servent de support au troisième, et surmonté d'un goulot qui se termine en bec d'oiseau. Vingt-trois oreillettes sont échelonnées sur toute la surface. Dans l'intérieur de chaque boule s'élève un petit tube par lequel on passait un cordon, comme si l'anse et les oreillettes n'avaient pas suffi pour attacher le vase assez solidement. La panse est ornée de stries en relief, simulant des bandelettes, et posée sur quatre pieds.

> Terre blanche ; traces de couleur noire. — H 0,19.

29. Gourde à panse allongée et comme divisée en deux compartiments au moyen de deux entailles verticales. Onze oreillettes sont fixées, les unes sur le goulot, les autres sur le corps du vase. Dessins géométriques en rouge.

> Terre blanche. — H 0,15.

30. Gourde lenticulaire, munie de quatre oreillettes. Les valves sont décorées de cercles concentriques en relief.

> Vernis brun. — H 0,12.

31. Gourde à panse allongée, munie de onze oreillettes. Décors quadrillés.

> Terre blanche; peint. rouge foncé. — H 0,21.

32. **Même forme.** La panse porte deux entailles perpendiculaires, et le goulot se termine en bec d'oiseau. Quinze oreillettes sont disposées sur les bords du vase, sur l'ansé et le goulot. Décors quadrillés.

> Terre blanche ; peint. noire. — H 0,20.

33. Gourde à panse allongée. Vingt-trois oreillettes sont disposées sur toute la surface du vase. Le goulot se termine en bec d'oiseau. Décors géométriques.

> Terre blanche; peinture noire. — H 0,20.

34. Petit vase globulaire muni d'une anse, de sept oreillettes et d'un goulot en forme de bec d'oiseau. Annelets, carreaux et autres dessins géométriques.

> Terre blanche ; peinture noire. — H 0,12.

35. Petite tasse décorée de lignes ondulées, de triangles, de losanges, etc. L'anse est formée d'une double tige munie de quatre oreillettes et surmontée d'une tête de taureau.

> Terre blanche; peint. noire. Les yeux du bucrâne sont gravés au trait. — D 0,10.

36. *Guttus* muni d'une anse, de douze oreillettes, d'un goulot terminé en bec d'oiseau, et de trois petits appendices servant de pieds. Décor : triangles quadrillés.

> Terre blanche, peinture noire. — H 0,15.

37. *Guttus* dont la panse, entourée de douze oreillettes, ressemble à une coupe hémisphérique avec son couvercle. Le goulot n'est muni que de deux oreillettes et se termine en bec d'oiseau. Anse surélevée. Décors quadrillés.

> Terre blanche ; peint. noire. Le goulot est fruste. — D 0,10.

38. Lécythe à panse sphérique, muni de quinze oreillettes et posé sur trois petits pieds. L'anse se rattache à un goulot droit qui se termine en tube plus étroit. Sept frises de triangles quadrillés entourent le corps du vase.

> Terre blanche ; peint. noire. — H 0,18.

39. Vase piriforme, muni de trois pieds et de douze oreillettes. Goulot droit, terminé en bec d'oiseau, rattaché par une anse au corps du vase et garni de sept oreillettes. Décor : cercles concentriques, losanges, carreaux, etc.

> Terre blanche; peinture rouge. — H 0,20.

40. Vase piriforme, muni d'une anse et d'un double goulot qui se termine en deux tubes étroits. Vingt-six oreillettes sont disposées sur toute la surface du vase; deux orifices supplémentaires ont été pratiqués entre les goulots. Décors géométriques.

> Terre blanche; peinture rouge foncé. — H 0,14.

41. Plateau à deux anses. A l'intérieur, cercles concentriques; au revers, cercles et treillis. Le bord est godronné et peint en noir.

> Terre blanche ; peint. noire et rouge. L'une des anses est brisée. — D 0,20.

42. Vase à panse sphérique, muni d'une anse et d'un appendice perforé. Décors linéaires.
Vernis rouge; ornements gravés au trait. — H 0,21.

43. Vase sphérique à deux anses, orné de cercles concentriques; autour du goulot, un fleuron grossièrement dessiné.
Terre blanche; peint. noire et brune. — H 0,13.

44. Vase sphérique, avec goulot en saillie, une anse surélevée et un appendice placé entre les deux montants de l'anse. Décors linéaires.
Terre blanche; peint. noire passée au rouge. — H 0,13.

45. Grand vase à panse globulaire se rétrécissant vers le bas; goulot échancré, anse plate. Décor : lignes et rubans ondulés, tracés perpendiculairement.
Terre blanche; peint. noire. — H 0,30.

46. Grande œnochoé à panse sphérique, munie d'une anse plate, ornée de quatre disques et de plusieurs cercles. Sur le bord du goulot, on voit, de chaque côté, un œil prophylactique.
Terre blanche; peint. rouge et noire. — H 0,27.

47. Œnochoé à panse sphérique, décorée de cercles qui lui prêtent l'aspect de deux boucliers superposés. Le champ est semé de disques de toute grandeur, et au-dessous du goulot on voit une enfilade de rouelles suspendue à trois cordons.
Terre rouge; peint. noire. — H 0,23.

48. *Prochous* ornée de cercles concentriques. Au-dessous de l'anse, peinte en noir, on voit deux petits cordons réunis par un nœud.
Terre blanche; peint. noire. — H 0,215.

49. Amphorisque décoré de cercles et d'une bordure d'N renversées.
Terre blanche; peint. bistre. — H 0,13.

50. Amphorisque à panse sphérique, ornée de cercles. Sous chaque anse, une fleur.
Terre blanche; peinture noire passée au rouge. — H 0,14.

51. Amphorisque à panse globulaire, décorée de deux cercles concentriques. Peinture noire passée au rouge.
H 0,115.

52. Amphore ornée de cercles, de losanges et d'autres décors géométriques.
Peinture rouge et noire. — H 0,20.

53. Amphore à décors géométriques. L'anse est formée de deux tiges. — Trouvée à Karpasso.
Terre blanche; peint. noire et rouge. — H 0,20.

54. Amphore à panse renflée, munie de deux petites anses plates. Rotules et cercles concentriques de couleur et d'épaisseur variées.
Terre rougeâtre; peint. rouge et noire. — H 0,38.

55. Amphore à col très-large, décorée de rouelles et de cercles concentriques variant de couleur et d'épaisseur. Les anses sont peintes en noir. — Conservation irréprochable.

Terre blanche; peint. noire et rouge. — H 0,55.

56. Grande amphore. La panse est ornée de plusieurs rangs de rouelles et de cercles concentriques variant de couleur et d'épaisseur. Sur le col, décors géométriques. Les anses sont peintes en noir. — Conservation parfaite.
Dans ce genre de poteries, les vases de grandes dimensions sont extrêmement rares.

Terre blanche; peinture noire et rouge. — H 0,71.

57. Petite hydrie à trois anses, ornée de volutes et de cercles concentriques.

Peinture brune. — H 0,12.

58. Hydrie à trois anses, ornée de cercles concentriques et de treillis.

Terre blanche; peinture rouge brique. — H 0,18.

59. Lécythe décoré de cercles rouges alternant avec des cercles noirs. Le goulot est orné d'une tête humaine.

Terre blanche. — H 0,07.

60. Lécythe à panse sphérique, ornée de rondelles superposées.

Terre rougeâtre; peinture noire et rouge. — H 0,11.

61. Lécythe à panse sphérique, ornée de rondelles superposées.

Terre rougeâtre; peinture rouge et noire. — H 0,125.

62. Lécythe à embouchure trilobée, orné de cercles et d'autres dessins géométriques.

Terre blanche; peint. noire. — H 0,125.

63. Lécythe à panse sphérique. Dessins linéaires; de chaque côté de l'orifice, un œil.

Terre blanche; peint. noire. — H 0,16.

64. Vase piriforme à double goulot, dont l'un sert d'attache à une petite anse. Décors quadrillés.

Terre blanche; peinture noire. — H 0,12.

65. Vase piriforme à trois pieds, le goulot orné de deux petits appendices et rattaché au corps du vase par une petite anse. Dentelures et treillis.

Terre blanche; peinture noire. — H 0,13.

66. Petite tasse plate, munie d'une anse, ornée de cercles et d'autres dessins géométriques.

Terre blanche; peinture rouge. — D 0,11.

67. Tasse plate, munie d'une anse. Cercles et bordure d'N renversées.

Terre rouge brique; peint. rouge. — D 0,125.

68. Petite tasse plate à une seule anse. Volutes et rinceaux peints en noir.

D 0,12.

69. Petit vase en forme de *pyxis*, à large embouchure et muni de deux anses droites.
Terre blanche ; cercles concentriques peints en rouge. — H 0,07.

70. Petite gourde lenticulaire, décorée de cercles concentriques et de deux ombons.
Peinture rouge et noire. Une partie du goulot est brisée. — H 0,098.

71. Gourde lenticulaire, cerclée d'un rebord qui dissimule la jointure des valves et se termine en haut par deux appendices perforés. Une anse rattache le goulot au corps du vase. Vernis noir ; ornements simulant des cordonnets et peints en blanc.
H 0,22.

72. *Prochous* à anse plate, munie d'un poucier qui dépasse l'orifice en hauteur. Sur le devant de la panse, un appendice en forme de feuille. Décors linéaires exécutés, en grande partie, au pointillé et disposés par bandes verticales qui se prolongent jusque dans l'intérieur du vase.
Terre blanche affinée avec soin ; peint. noire. — H 0,27.

73. Même forme et même genre d'ornementation ; il n'y manque que la feuille sur le devant de la panse.
H 0,20.

74. Grande coupe, munie d'une anse. Mêmes décors.
H 0,15. D 0,22.

75. Lécythe à panse renflée. Rosaces et décors linéaires au pointillé.
H 0,16.

II.—VASES PEINTS PHÉNICIENS

76. Grand plateau à deux anses. — *Extérieur :* au milieu de plusieurs cercles concentriques, une croix semblable à la croix espagnole. Losanges, treillis et autres décors linéaires.— *Intérieur :* cercles.
Terre blanche ; peint. rouge et noire. — D 0,25.

77. Coupe ornée de fleurs de lotus et de dessins linéaires. — Trouvée à Karpasso.
Terre rouge brique ; peint. noire et rouge. — H 0,15. D 0,15.

78. Œnochoé piriforme, trouvée à Karpasso. Elle est ornée de dessins géométriques, de feuilles et d'une rosace dont les folioles sont alternativement peintes en noir et en rouge bordé de noir.
Anse formée de deux tiges juxtaposées ; embouchure trilobée avec un œil de chaque côté.
Terre blanche ; peint. rouge et noire.— H 0,19.

79. *Amphore.* La panse est divisée en plusieurs registres. La frise centrale représente une amphore de style primitif, munie d'un pied et entourée de calices de fleurs ; un oiseau, becquetant une de ces fleurs, est perché sur l'anse du vase. De chaque côté du tableau, on voit un treillis, et, sur la frise inférieure, un

dauphin (à gauche). Le même sujet se trouve reproduit au revers. Trois rangs de denticules, de feuilles de lierre et de croisettes décorent le col et le haut de la panse. *Voir la vignette.*
Les anses sont ornées de fleurons et de triangles superposés.

Terre blanche; peinture noire et pourpre. — H 0,20.

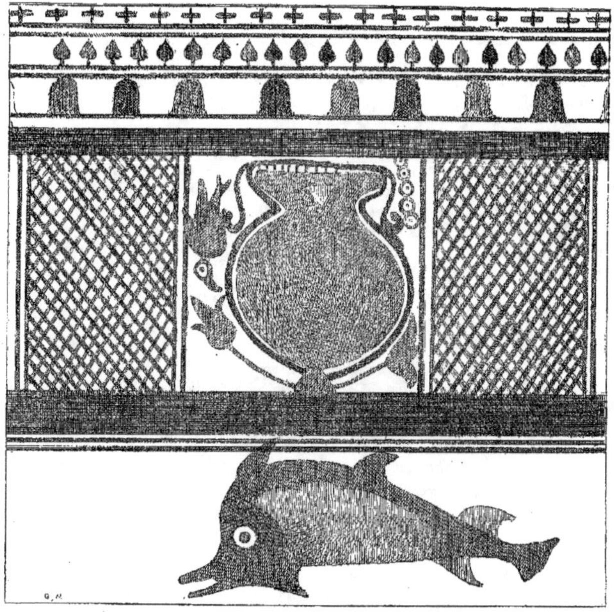

N° 79.

80. *Coupe.* Deux oiseaux aquatiques, aux ailes éployées, semblables à ceux qui figurent au nombre des hiéroglyphes, se tiennent debout devant une grande fleur symbolique ornée d'une rosace et entourée de feuilles. Dans le champ, une couronne.
Au revers, le même groupe avec deux couronnes dans le champ.
Des cercles concentriques encadrent le sujet et décorent le pied et l'intérieur du vase. *Voir la chromo-lithographie, pl. I.*

Terre blanche; peinture noire et rouge. L'une des anses est brisée. — H 0,15. D 0,20.

81. Œnochoé à embouchure trilobée. Sur la panse, un cygne au milieu d'un semis de décors variés. Le goulot est orné de deux yeux, de cercles et de dentelures. Sous l'anse, peinte en noir, on voit les extrémités de deux rubans.

Terre blanche; peinture noire et rouge. — H 0,20.

82. Œnochoé à embouchure trilobée. Cygne et quelques ornements dans le champ. Le goulot est entouré de cercles concentriques; un œil, placé de chaque côté de l'orifice, sert de talisman. L'anse est ornée de rubans noirs.

Terre blanche; peinture noire. — H 0,18.

83. *Grand baril à deux ombons.* Au milieu de cercles concentriques et de stries, un cygne éployé, du style le plus ancien. Un rameau, placé entre le bec et le col de l'oiseau, sert à remplir le champ. *Voir la chromolithographie, pl. II.*

Le goulot, en forme d'entonnoir, se rattache au corps du vase par une anse peinte en noir. Conservation irréprochable.

Terre blanche; peinture rouge et noire. — H 0,31.

84. *Barillet* trouvé à Kärpasso. Deux femmes, aux traits simiesques, se dirigent processionnellement vers la droite. Chacune porte à la main gauche levée une fleur de lotus épanouie. Elles sont parées de colliers et drapées dans de longues tuniques rouges. Ces tuniques, bordées de franges noires, ont pour ornement des disques, des stries, des carrés et triangles quadrillés. La femme qui ouvre la marche tient une couronne à la main droite. Dans le champ, on voit une couronne à lemnisques et deux longues bandelettes découpées. *Voir la chromolithographie, pl. III.*

Au revers, deux oiseaux aquatiques.

L'anse est décorée de lignes noires, le goulot entouré de cercles, les deux ombons sont ornés de rosaces et surmontés de fleurs.

Terre blanche; peinture noire et pourpre. — H 0,24.

85. *Grande amphore* à panse sphéroïdale, se rétrécissant vers le pied.

A. Char (à gauche) attelé de deux chevaux qui semblent parés de plumes, et monté par deux personnages, dont le premier tient les guides. Devant le char, un groupe de deux figures affrontées, drapées dans des tuniques longues et séparées par une plante. Une cinquième figure, également debout devant une plante, se voit derrière le *diphros.*

Ces formes humaines sont du style le plus primitif. A en juger par leur chevelure, plusieurs d'entre elles doivent représenter des femmes. Le peintre n'a indiqué ni les bras ni les jambes; les bustes, arrondis et penchés en arrière, se terminent en colonne. Quant aux draperies, elles sont ornées de globules (στίγματα), de chevrons et de lignes parallèles.

Les roues et la boîte du char sont beaucoup plus élégantes que celles de notre n° 155, ce qui prouve que certaines terres cuites chypriotes remontent à une antiquité prodigieuse.

Dans le champ, semis de dessins linéaires, et, autour du pied, quelques cercles concentriques. *Voir la chromolithographie, pl. IV.*

B. Le même sujet, mais le milieu de la composition est presque effacé. Néanmoins, les deux faces se complètent mutuellement.

Anses plates et décorées de nervures.

Terre blanche; peinture noire passée au rouge. — H 0,39. D de l'orifice 0,265.

86. Vase peint de forme primitive.

Le milieu de la panse est divisé en trois compartiments juxtaposés et séparés entre eux par des rameaux. Le tableau central représente un mascaron (de Méduse?); des fleurs symboliques remplissent les autres compartiments, et les mêmes sujets se retrouvent au revers du vase. Dans le bas, deux chasseurs à cheval poursuivent des sangliers et des bouquetins. — Bordure de triangles et de losanges; rameaux sous les anses.

Le goulot est orné de disques et de croisettes.

Terre blanche; peinture noire; contours gravés au trait. — La peinture a malheureusement souffert. — H 0,24.

III. — VASES A VERNIS ROUGE, ORNÉS DE CERCLES CONCENTRIQUES

87. Œnochoé trouvée à Citium (*Larnaka*). Sur le corps du vase, quatre disques formés de cercles et d'autres dessins géométriques. L'anse se compose de deux tiges.

H 0,24.

88. Œnochoé à panse globulaire, l'anse formée de deux tiges juxtaposées. Décor : cercles concentriques et trois rangs de rondelles. Deux de ces rondelles sont suspendues à un triple cordon.

H 0,22.

89. Œnochoé à panse sphérique, ornée de cercles et de disques dont l'un est suspendu à trois cordonnets. Anse formée de deux tiges.

Vernis rouge; peint. noire. — H 0,21.

90. Œnochoé à panse sphérique, décorée de disques et de cercles entre-croisés. Au-dessous du goulot, on voit une rouelle ornée d'une petite croix et suspendue à trois cordons. L'anse est formée d'une double tige.

Vernis rouge; peint. noire. — H 0,21.

91. Œnochoé à panse sphérique, décorée de cercles, de rondelles, d'une croix à bras recourbés, semblable (mais non identique) au *swastika* des Bouddhistes; enfin de deux petits quadrilatères divisés chacun en six carreaux et portant un annelet à chaque angle.

Vernis rouge; peinture noire. — H 0,13.

92. Œnochoé décorée de cercles et de rouelles. De chaque côté de l'orifice, un œil.

H 0,07.

93. Amphorisque orné de rondelles et de cercles.

Vernis rouge; peint. noire. — H 0,135.

94. Amphorisque à panse sphérique, le goulot en forme d'entonnoir. Rondelles et cercles.

H 0,12.

95. Lécythe à panse sphérique, avec goulot en forme d'entonnoir.

H 0,112.

96. Lécythe à panse sphérique et à goulot épanoui. Cercles et rouelles.

H 0,087.

97. Même forme et même décor.

H 0,073.

98. Lécythe s'évasant vers le bas et entouré de cercles noirs.

    Vernis rouge. — H 0,087.

99. Lécythe orné de cercles concentriques et d'une croix à bras recourbés. Goulot en forme d'entonnoir.

    H 0,085.

100. Petit lécythe orné de cercles, goulot en forme d'entonnoir.

    H 0,055.

101. *Guttus* à anse surélevée et à double goulot, l'un en forme d'entonnoir, l'autre en saillie au milieu de la panse. Rondelles et cercles concentriques.

    H 0,12.

102. *Scyphus* plat à deux anses. Cercles concentriques à l'intérieur et au dehors.

    D 0,13.

103. Coupe à une seule anse. Cercles concentriques à l'intérieur et autour de l'orifice.

    Vernis rouge; peinture noire. — H 0,075. D 0,15.

IV. — POTERIE GRECQUE, ROMAINE, BYZANTINE

104. Vase à panse déprimée, avec un goulot droit rattaché au corps du vase par une anse en torsade. Le dessus de la panse est orné de rameaux de lierre.

    Terre rougeâtre; peinture noire passée au rouge. — H 0,15.

105. Grand vase fusiforme muni d'une anse.

    Vernis rouge brique. — H 0,35.

106. Amphorisque pointu par le bas et muni d'un pied.

    Vernis rouge. — L'une des anses est brisée. — H 0,105.

107. Petit vase sphérique, le haut de la panse orné de stries en relief.

    Vernis rouge. — H 0,092.

108. Coupe à vernis rouge.

    H 0,08. D 0,14.

109. Lécythe à panse cylindrique, se rétrécissant vers le haut (on dirait une *pyxis* avec son couvercle) et ornée de plusieurs rangs de godrons. Goulot droit, servant d'attache à une anse formée de deux tiges.

    Vernis rouge. — H 0,24.

110. Amphore d'un galbe très-élégant; cercles concentriques gravés au trait. Vernis rouge.

    H 0,30.

111. Vase cylindrique; même genre de décor. Goulot en forme d'entonnoir, anse plate striée. Vernis rouge.
H 0,125.

112. Vase pomiforme à goulot droit. L'anse est formée de deux tiges juxtaposées. Vernis rouge.
H 0,16.

113. Petite coupe cannelée. Vernis brun.
D 0,088.

114. Canthare à vernis noir. L'intérieur est orné d'un cercle de hachures.
H 0,09. D 0,11.

115. Petite tasse plate à deux anses ornées de calices de fleurs. Vernis noir.
D 0,09.

116. Askos orné de lierre et de corymbes en relief et recouvert d'un émail verdâtre.
Les vases de cette catégorie ne sont pas communs.
Anse en partie brisée. — H 0,08. L 0,11.

117. Petite coupe à vernis rouge brillant, décorée de deux cordonnets. A l'intérieur, les lettres KAΛΛ en relief dans un cartouche. C'est l'estampille du potier grec. ℟. Un λ cursif gravé à la pointe.
H 0,06. D 0,13.

118. Vase piriforme orné de hachures. L'anse est formée de deux tiges juxtaposées.
Vernis rouge. — H 0,17.

119. Autre, le milieu de la panse décoré d'un treillis en relief.
Vernis rouge. — H 0,16.

120. Coupe décorée, à l'intérieur, d'un rameau fleuri gravé au trait.
Vernis noir. — D 0,165.

121. Petite coupe, ornée extérieurement de godrons, de perles et de dessins géométriques en relief.
Terre blanche; vernis brun. — D 0,09.

122. *Scyphus* orné de feuilles d'ache et de tiges à fleurs sessiles en relief.
Terre blanche. — H 0,065. D 0,084.
Coll. Merton.

123. Amphorisque. Le haut de la panse est orné de feuilles d'ache et de baies en relief. Vernis rouge.
H 0,10.

124. *Scyphus* à deux anses surélevées. L'orifice est bordé de dentelures grossièrement peintes en blanc.
Vernis rouge. — H 0,125. D 0,09.

125. *Eulogie byzantine.* — Saint Nicolas (?), de face, portant à la main droite un livre ouvert, le Nouveau Testament, dans l'autre une croix. ℟. Une sainte, aux mains jointes, également de face.
Terre rouge; en haut, deux trous à suspension. — H 0,06.

V.—TERRES CUITES DE STYLE PRIMITIF—TERRES CUITES PHÉNICIENNES

126. Quadrupède surmonté d'une belière. Les yeux sont marqués au moyen de deux cavités.
Terre cuite très-primitive, antérieure à celles qui portent des hachures.
> Rouge brique. — H 0,070. L 0,12.

127. Quadrupède. Le corps, déprimé, forme une espèce de carré oblong. Ornements géométriques au trait. En haut, une belière.
> Vernis brun. — H 0,062. L 0,070.

128. Taureau (*taurus cypriacus*). Les poils du front et de la nuque sont gravés au trait.
> Terre rougeâtre. — L 0,15,

129. Taureau; jouet d'enfant. Les yeux et le museau sont gravés au trait, les jambes remplacées par quatre petits appendices; sur le dos, une belière.
> Terre blanche. Décors géométriques en noir (passé au rouge). — L 0,097.

130. Tête de taureau en terre rougeâtre.
> H 0,11.

131. Deux autres en terre grise; les poils sont indiqués au moyen de hachures.
> a) H 0,07.
> b) Trois trous à suspension. — H 0,075.

132. Jouet d'enfant. Outre terminée d'un côté par une tête de taureau, de l'autre par une tête d'oiseau. Détails gravés au trait. En haut, une belière.
> Terre peinte en rouge foncé. — L 0,12.

133. Cheval harnaché. Terre cuite modelée au pouce et ornée de dessins géométriques.
> Coloration verte, noire et rouge. — H 0,18.

134. Ane avec son bât. Terre cuite grossièrement modelée au pouce.
> Terre blanche; traces de peinture rouge. — H 0,11.

135. Cerf. Le corps, déprimé, forme une espèce de quadrilatère; quatre petits appendices sont substitués aux jambes.
> Terre rougeâtre; détails et ornements gravés au trait. — H 0,12. L 0,10.

136. Chien, modelé au pouce.
> Terre blanche; peinture noire et rouge. — H 0,11.

137. Truie (jouet d'enfant). Un caillou, qui s'y trouve enfermé, fait du bruit lorsqu'on l'agite. Les soies de la truie sont gravées au trait.

> Terre jaune, peinture rouge. — H 0,080. L 0,145.

138. Autre exemplaire, à parois très-épaisses, avec un trou à suspension pratiqué dans la crinière de l'épine dorsale. Les yeux et les soies sont gravés à la pointe.

> Terre rouge. — H 0,088.

139. Jouet d'enfant. Corps de colombe (?) dont les ailes sont remplacées par deux petits oiseaux. Sur le dos, une belière.

> Terre blanche. — L 0,075.

140. Enfant emmaillotté et couché dans son berceau. Terre cuite plate, ornée de dessins géométriques au trait. Dans le haut, un arceau et deux trous à suspension. *Voir la vignette.*

> Terre rouge brique. — H 0,28.

141. Enfant emmaillotté et couché dans son berceau. Dans le haut, un arceau. L'enfant porte une bandelette autour du front; ses yeux et sa bouche sont indiqués à coups de pinceau. Terre blanche modelée au pouce et ornée de dentelures et de lignes parallèles.

> Peinture noire. — H 0,23.

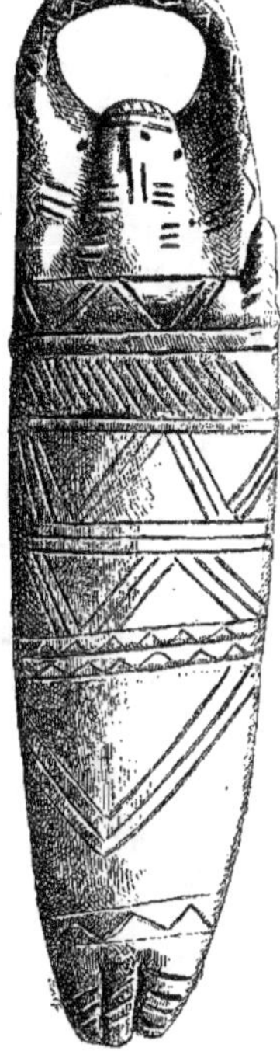

N° 140. — Moitié de la grandeur de l'original.

142. Déesse nue, parée d'un double collier et portant un enfant sur le bras gauche. Elle n'a pour vêtement qu'un petit pagne triangulaire. Ses jambes sont serrées l'une contre l'autre, ses mains posées sur l'abdomen. La saillie grotesque du nez, les yeux formés par deux annelets en relief avec un globule au centre, l'absence complète du sentiment des proportions prêtent à cette figurine un caractère d'archaïsme sauvage. Chaque oreille est percée de deux trous pour recevoir des anneaux mobiles. L'enfant, suspendu au cou de sa mère, porte la main gauche au sein de la déesse.

> Terre rouge brique; le tablier est gravé au trait. — H 0,12.

143. Déesse du même style, aux traits simiesques, au crâne déprimé, au nez et aux oreilles proéminents. Elle est parée d'un triple collier, peint en noir et en rouge. Les cheveux, les sourcils et le pagne sont colorés de noir.

> Terre rouge. Détails gravés au trait. — H 0,20.

144. Déesse du même style, les deux mains portées aux mamelles.

> Terre rouge. Détails gravés. — H 0,20.
>
> Ces trois terres cuites (n°ˢ 142-144) sont modelées au pouce d'une façon toute rudimentaire. On en a trouvé dans la Basse-Egypte, et elles constituent une famille à part, qu'il ne faut pas confondre avec les figurines suivantes.

145. Guerrier barbu, coiffé d'un casque à aigrette et armé d'un bouclier rond dont l'épisème est une espèce de triquètre. Son bras droit est replié vers le menton, la tête inclinée en arrière, le corps a la forme d'une

colonne entourée de cercles concentriques et évasée vers le bas pour qu'elle puisse tenir debout. La barbe, les yeux et la bouche sont indiqués à coups de pinceau, de même le baudrier et la courroie du bouclier. Un trou à suspension a été pratiqué dans le casque. *Voir la vignette.*

Terre blanche. Les cercles de la colonne sont alternativement noirs et rouges ; la triquètre est rouge, mais bordée de lignes noires ; la barbe, les yeux et la bouche sont peints en noir, le baudrier et la bandoulière en rouge. — H 0,15.

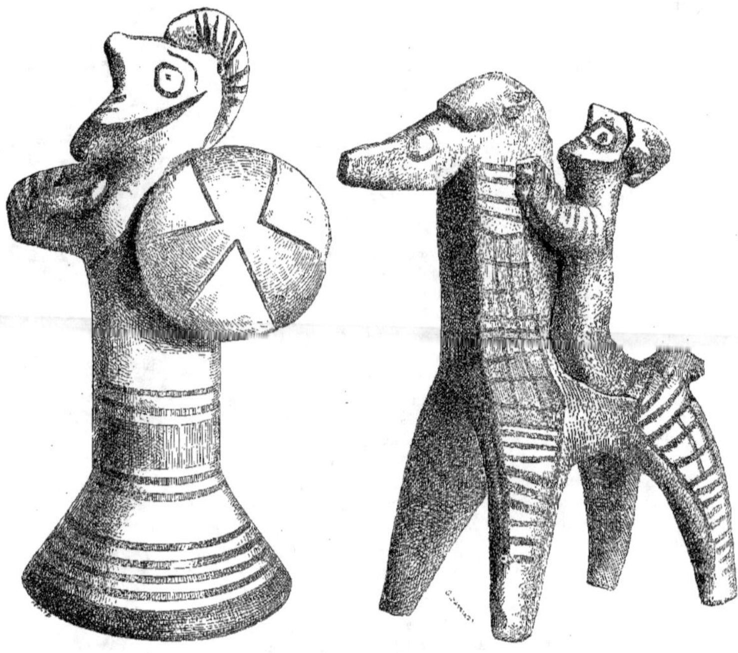

145. Guerrier barbu, coiffé d'un casque à aigrette. Il porte au bras gauche un bouclier échancré, peint en rouge, et à la main droite un glaive peint en noir. Le corps est en forme de colonne évasée vers le bas et ornée de trois cercles concentriques.

Terre blanche. — La barbe, les yeux et la bouche sont de couleur noire, le casque est rouge. Trois trous à suspension, l'un dans le casque, les autres au bas de la colonne. — H 0,15.

147. Cavalier de style primitif. Il porte un casque en forme de *pilos*, garni de mentonnières. Sa tête penche en arrière, son corps est collé contre la crinière du cheval ; les deux bras, tendus en avant, font supposer

qu'il tient la bride. L'artiste, s'il mérite ce nom, a indiqué la barbe et lès yeux à coups de pinceau ; quant aux jambes du cavalier, elles sont raccourcies au point qu'il semble agenouillé sur le dos de sa monture. Décors géométriques peints en noir. *Voyez la vignette.*

Terre cuite rudimentaire, modelée au pouce et peinte en rouge ; rehauts noirs. — H 0,18.

148. **Même sujet.** Le cheval est harnaché et le cavalier moins rapproché de la crinière ; mais il n'a pas de jambes.

Terre blanche, peinte en rouge et ornée de dessins géométriques noirs. — H et L 0,11.

149. **Joueur de double flûte,** coiffé d'une tiare cylindrique, la bouche masquée par la φορβειά. Son corps a la forme d'une colonne, dont l'évasement ressemble à une cloche. Décors géométriques. *Voir la vignette.*

Terre blanche ; peinture rouge et noire. Deux trous à suspension dans la base. — H 0,14.

150. **Joueuse de lyre,** dans l'attitude des figures hiératiques. Elle est voilée, parée d'un double collier et de pendants d'oreilles, vêtue d'une chiton talaire à bordure rouge, que recouvre un manteau très-court et qui enserre le corps comme dans une gaîne. Au bras g. elle porte sa lyre ; à la main dr. le plectrum. Le bras dr. est replié sur la poitrine.

Terre rouge brique, grossièrement modelée. Traces de couleur rouge dans les cheveux. — H 0,24.

151. **Joueuse de tambourin.** A la main g., rapprochée de la poitrine, elle porte le *tympanon* qu'elle bat de la main dr. Son visage et ses bras sont grossièrement modelés au pouce ; les doigts n'ont pas été indiqués. Le corps a la forme d'une colonnette élargie vers le bas.

Col. noire et rouge foncé. — H 0,23.

152. **Figure vêtue d'une tunique talaire,** le corps en forme de gaîne, les bras tendus en avant. Au bas de la gaîne, deux trous à suspension.

Terre blanche, coloration rouge et noire. — H 0,108.

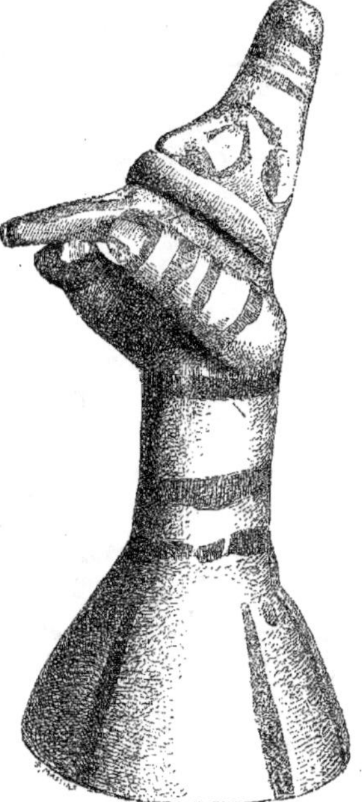

N° 149.

153. **Personnage coiffé d'une tiare royale et assis sur un trône.** Les deux mains reposent sur les genoux. Terre cuite modelée au pouce.

Rouge brique, rehaussé de peinture noire et rouge. — H 0,12.

154. **Navire chypriote.** On en distingue facilement tous les détails : l'éperon, les sabords, les poignées qui servaient au maniement des rames, le pont, le siége du timonnier, l'ouverture par laquelle on descendait dans la cale. Ce vaisseau, d'une haute antiquité, présente beaucoup d'analogies avec ceux qui forment le type des monnaies perses de la dynastie des Achéménides *Voir la vignette à la page suivante.*

Terre rouge. — L 0,20.

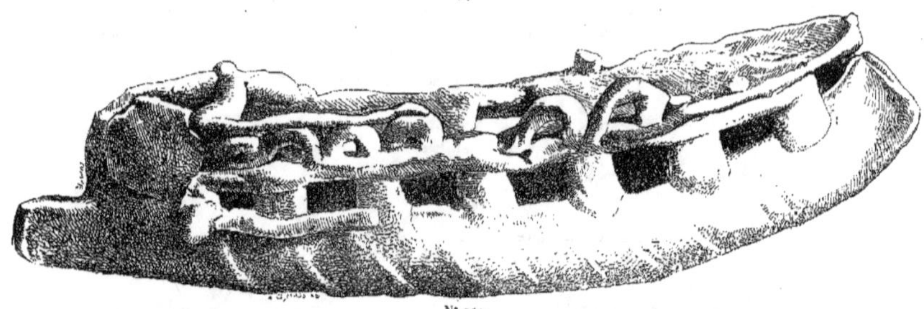

N° 154.

155. Char de combat, trouvé à Karpasso (1873). Les roues sont massives et décorées de cercles concentriques, peints en rouge et en noir. Le *diphros*, muni d'un rebord, est couvert de dessins linéaires dont quelques-uns simulent des panneaux ou une balustrade à claire-voie. Un archet y rattache l'extrémité du

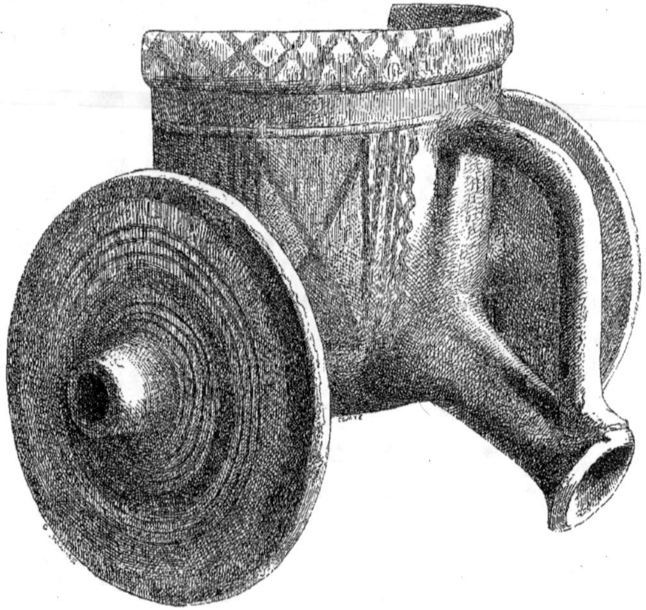

N° 155.

timon ; on dirait l'anse et le goulot d'un vase. Un fragment de bois antique subsiste dans l'intérieur du tube qui représente le timon. *Voir la vignette à la page 20.*

Cette terre cuite est, jusqu'à présent, unique dans son genre et un des plus anciens exemples que nous connaissions du char de l'époque héroïque.

Terre rouge brique; peinture noire et rouge foncé. — H 0,18. L 0,27.

156. Vénus chypriote, drapée, voilée et parée d'un double collier. Elle a les cheveux disposés en boucles symétriques et porte les deux mains aux seins.

Terre blanche. — H 0,07.

157. La même, drapée et voilée. Elle porte la main dr. au sein ; l'autre, abaissée, retient l'himation.

Terre blanche. — H 0,105.

158. Moule de la moitié antérieure d'une figurine de Vénus chypriote, d'ancien style. La déesse est nue, mais parée d'un double collier, et une bandelette dont les extrémités retombent sur les épaules entoure son front. Elle a les jambes serrées l'une contre l'autre, le bras dr. collé au corps, le bras g. replié sur l'abdomen.

Terre brune. — H 0,168.

159. Vénus paphienne, tenant une colombe par les ailes. La déesse est comme emprisonnée dans sa draperie. Son manteau, qui laisse l'avant-bras g. à découvert, est orné d'un pectoral et de deux bandes d'étoffe frangées qui descendent jusqu'aux genoux. Le collier se compose d'un disque et de quatre rangs de perles ; une bandelette, garnie d'oreillons, entoure les cheveux qui retombent sur les épaules. Le bras g. est pendant, l'autre replié sur la poitrine. Quant à la colombe que la déesse porte à la main g. elle a le corps oviforme, détail qui rappelle les oiseaux de l'art égyptien et les Harpyies du monument de Xanthus.

Traces de couleur rouge sur la poitrine; les cheveux étaient peints en noir. — Pieds brisés. — H 0,18.

N° 161.

160. Femme debout, dans l'attitude des figures hiératiques, le bras dr. replié sur la poitrine. Elle est drapée dans une chiton talaire et un manteau court d'où descendent, sur le devant, deux bandes d'étoffe frangées. A la main g. elle porte un tambourin peint en rouge, et à la main dr. une fleur. Un grand disque forme le centre de son collier ; deux oreillons sont adaptés à la ténie qui entoure ses cheveux. — Ancien style.

Traces de coloration rouge. — Les pieds sont brisés. — H 0,33.

161. *Baal-Khammon*, kriocéphale, assis sur un trône à dossier carré. Le dieu porte une barbe frisée et des moustaches ; ses mains sont appuyées sur les têtes de deux béliers qui décorent les montants de son

siége. Sa draperie se compose d'une chiton talaire à manches courtes, et d'un himation passant sur l'épaule gauche. Le dossier et les faces latérales du trône sont encadrés de lignes peintes en noir. *Voir la vignette à la page 21.*

Jusqu'à présent, on ne connaissait qu'une seule terre cuite analogue, d'art phénicien, et qui fait partie du musée Napoléon III (pl. 23, 3). Il est vrai que le Louvre possède quelques figurines du même genre, en pierre calcaire et trouvées dans les fouilles de Chypre, mais la tête manque à tous les exemplaires. Le trésor de monnaies d'or de la Cyrénaïque, qui fut apporté à Paris il y a deux ans, contenait plusieurs statères au type d'Ammon Kriocéphale debout, suivi d'un bélier.

Terre blanche. — Ancienne coll. Merton. — H 0,15.

162. Déesse-mère, assise sur un trône dont les accoudoirs sont ornés de pattes de lion. Elle a les cheveux frisés, et son manteau forme voile. Une petite fille drapée qu'elle tient assise sur ses genoux, joue avec le triple collier de la déesse. L'enfant a la tête couverte d'un capuchon.

Terre blanche. — Ancienne coll. Merton. — H 0,135.

VI. — TERRES CUITES GRECQUES

163. Tête de Vénus paphienne. Deux oreillons s'adaptent au diadème, dont les bandelettes retombent sur les épaules. Le collier de la déesse est formé d'un double rang de perles.

Fragment de figurine; ancien style. — H 0,075.

164. Tête coiffée d'un grand diadème, avec barbe cunéiforme, moustaches et cheveux frisés.

Fragment de figurine; ancien style. — H 0,12.

165. Tête barbue d'un hoplite. L'occiput et le haut du casque sont brisés, mais les couvre-joues subsistent.

Fragment de figurine en terre rouge brique. — H 0,068.

166. Buste estampé d'une jeune déesse, voilée, parée de pendants d'oreilles, coiffée d'un diadème et d'un double rang de feuilles. Imitation de l'ancien style.

Traces de coloration rouge et noire. Trou à suspension. — H 0,16.

167. Buste estampé d'une jeune déesse voilée et coiffée d'un diadème. Les cheveux sont disposés en trois rangs de boucles symétriques. Imitation de l'ancien style.

Dans le haut, un trou à suspension. — H 0,18.

168. Déesse voilée et diadémée, assise sur un trône et portant des fruits sur ses genoux. Le diadème, très-élevé, se compose d'une triple zone d'annelets ; les plis du voile, qui forment comme un nimbe de dentelures autour de la tête, laissent entrevoir la ténie qui maintient les cheveux. La déesse est parée d'un collier et de pendentifs. Sa main dr. repose sur la jambe ; l'autre, élevée à la hauteur du sein, rajuste l'himation.

Enduit blanc. — Les jambes et la plus grande partie du trône sont brisées. — H 0,20.

169. Groupe de deux déesses assises sur un trône. La tête de l'une d'elles est brisée, mais, à en juger par l'autre, elles sont parées de diadèmes à double registre, de colliers et de pendants d'oreilles. Leur draperie est celle de la Déméter Paralia : une chiton à manches courtes et un manteau formant voile au-dessus de la stéphané.

La déesse assise à g. porte dans sa main dr. abaissée une patère ; son bras g. est familièrement posé sur l'épaule de sa compagne. Celle-ci semble tenir une fleur dans la main g. ramenée sur la poitrine, et sa droite est posée sur le genou. — Beau style.

    Terre rouge brique. — H 0,115.

170. Tête de Déméter Paralia. Son diadème, très-élevé, est divisé en trois registres. La frise supérieure représente un sphinx, assis de face sur une rosace ; celle du milieu est formée de cinq rosaces juxtaposées, la troisième n'a qu'un rang de disques ou d'annelets, dont chacun porte une perle au centre. La déesse est parée de pendants d'oreilles et ses cheveux sont retenus par un bandeau. — Trouvée à Larnaka. — Beau style.

    Le haut du diadème et une des cinq rosaces sont brisés. — H 0,085.

171. Tête de Déméter voilée, diadémée et parée de pendants d'oreilles. Le diadème se compose d'une double frise d'annelets, les plis du voile forment comme une auréole de dentelures ; les cheveux sont retenus par un bandeau épais.

    Traces d'un enduit blanc. — H 0,070.

172. Tête de Déméter. Le diadème, très-élevé et orné de rosaces, est recouvert d'un voile.

    Les rosaces sont en partie brisées. — Terre pâle. — H 0,064.

173. Même motif. La déesse porte des pendants d'oreilles, et son diadème est orné d'un triple rang de disques.

    H 0,060.

174. Même motif. Diadème formé de cinq rangs de plaques oblongues. Un bandeau entoure les cheveux.

    H 0,052.

175. Même motif. Le diadème se compose de quatre rangs de plaques oblongues.

    Enduit blanc. — Conservation médiocre. — H 0,047.

176. Même tête, coiffée d'un diadème à trois rangs de quadrilatères.

    H 0,046.

177. Même tête, avec un diadème orné de nervures horizontales.

    Engobe blanche. — H 0,045.

178. Même tête. Diadème formé de quatre frises de plaques carrées.

    Engobe blanche. — H 0,035.

179. Même tête. Le diadème est décoré de trois rangs de cannelures.

    Engobe blanche. — H 0,035.

180. Même tête, voilée, diadémée et parée de bijoux.

    H 0,035.

181. Tête de déesse, parée d'un grand diadème. Cette curieuse pièce d'orfévrerie semble formée de trois lames d'or superposées, dans lesquelles sont enchâssées des pierres en cabochon ou des pâtes vitreuses, les unes circulaires, les autres taillées en losanges, et serties d'or. Dans le haut, on distingue, à chaque extrémité, une rosace et une volute. Le diadème est posé ou plutôt couché sur l'occiput, mais un rang de chaînettes et de pendentifs descend jusqu'à la naissance du front. Les boucles d'oreilles de la déesse sont travaillées à jour. *Voir la vignette.*

Fragment de figurine. — H 0,06.

182. Tête de déesse, coiffée d'une stéphané, dont la partie supérieure, travaillée à jour, ressemble à une couronne radiée. *Voir la vignette.*

Fragment de figurine. — H 0,044.

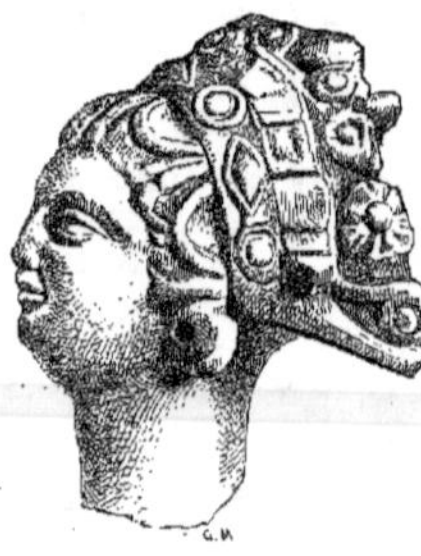

N° 181.   N° 182.

183. Bacchus enfant, chaussé d'endromides, vêtu d'une chiton courte, d'une chlamyde jetée sur le bras g., d'une pardalide attachée à la ceinture et passant sur l'épaule g. Le jeune dieu porte une couronne sur la tête; de la main dr. il caresse sa panthère qui est debout derrière lui. — Beau style.

Trouvé à Citium (Larnaka). — H 0,13.

184. Jeune fille enveloppée d'une chiton et d'un épibléma formant voile. Elle retient sa draperie des deux mains. Le bras dr. est ramené sur la poitrine et reste caché sous le manteau. — Beau style.

Trouvée à Citium. — Le pied g. manque. — H 0,165.

185. Tête de femme, aux cheveux frisés et noués en *krobylos* sur le sommet de la tête.

H 0,06.

186. Tête de femme voilée, aux cheveux ondulés et retombant en longues boucles sur les épaules. Beau style.

Enduit blanc. — H 0,047.

187. Tête de femme voilée.

H 0,045.

188. Tête de jeune fille.

H 0,038.

189. Tête de femme, couronnée de fleurs, les cheveux peints en rouge.

H 0,017.

190. Singe accroupi, mangeant un fruit.

Terre jaune. — H 0,074.

191. Chien couché, à g.

Terre grise.— H 0,105.

VII. — LAMPES

192. Buste casqué de Minerve, revêtu de l'égide.

Vernis brun. — L 0,087.

193. Silène (à g.), cossant avec un bélier. — C'est un sujet des plus rares; le type de Pan luttant avec une chèvre est commun.

℟. La lettre Φ en relief.

Terre rouge. — L 0,103.

194. Bacchante dansant (à g.). La tête rejetée en arrière, elle tient à la main g. un glaive, dans l'autre la moitié antérieure d'un chevreuil. — Ce type, dont on connaît de nombreuses variantes, doit remonter à un original grec de l'école de Scopas.

Terre jaune. — Tr. à Citium. — L 0,086.

195. Amour à cheval sur une chèvre.

Vernis rouge. — L 0,12?.

196. Amour tirant une flèche contre un lièvre. A dr., un arbre.

Terre jaune. — L 0,086.

197. Amour, portant à la main g. un plateau chargé de fruits, dans l'autre, abaissée, un petit panier suspendu à trois cordonnets. Son manteau, en écharpe, descend de l'épaule g. pour se replier sur les deux bras.

℟. THP, en creux.

Terre rouge. — L. 0,10.

198. Amour, de face, portant un grand flambeau renversé. ℟. Croix tracée à la pointe.

Terre jaune. — L 0,10.

199. Amour, de face, adossé contre un arbre, la tête tournée vers la g. A la main g. il tient un grand papillon psychique (?); dans le champ, un objet indistinct. ℟. Entre deux cercles, le nom du fabricant : ΔΟΜΝΟΥ, en creux et en lettres cursives. Δόμνος est un nom très-répandu en Syrie.

Terre rouge.— L. 0,08.

200. Jeune Priape, coiffé d'une mitre persique, chaussé d'endromides et portant des fruits dans le pan de sa tunique qu'il relève des deux mains. Sa tête est tournée vers la droite. — Sur le bord de la lampe, on voit deux ornements semblables au fer d'une bipenne. Cette disposition rappelle les monnaies des Chosroës et d'autres rois de la dynastie sassanide.

Terre jaune. — L 0,086.

201. Groupe érotique. La femme, agenouillée sur un tapis, porte une oie dans ses bras.

Vernis rouge. — I. 0,11.

202. Grande lampe vernissée de rouge. L'orifice qui recevait l'huile se trouve au centre d'une rosace. L'anse est surmontée d'un appendice triangulaire qui représente le buste du Soleil, posé de face sur un croissant, la chlamyde jetée sur les épaules. Le dieu porte une couronne radiée (à douze rayons, correspondant aux douze mois de l'année), et au milieu du front une fleur de lotus. Dans les canaux de la Basse-Égypte, dit M. Mariette, on voit encore cette jolie fleur, dont le pied trempe dans l'eau et dont le calice, d'un bleu céleste, s'ouvre chaque jour au soleil du matin (Pierret, *Dictionnaire d'archéologie égyptienne*, p. 308).

Longueur totale 0,24.

203. Victoire (à g.), portant une palme au bras g. et un manteau en écharpe sur le bras dr. A la main dr. elle tient un bouclier circulaire, avec l'inscription, effacée en partie :

ANNVM
NOVMFAV
STVM....
..... (brisure)
....

annum no(v)um faustum felicem, que la nouvelle année vous soit propice! Derrière elle, on voit, dans le champ, une arbouse et un *as* coulé au type de la double tête de Janus ; devant elle, une datte sèche, deux amandes, un *semis* avec la proue de vaisseau, et un *quadrans* dont le type n'est plus reconnaissable. Dans la Rome ancienne, on s'offrait des étrennes symboliques, surtout des fruits et de vieilles pièces de monnaies qui n'avaient plus cours.

On a publié plusieurs lampes de ce genre, mais elles ne sont pas communes.

Vernis jaune; bordure godronnée. — L 0,114.

204. Victoire, de face, sur un globe entouré de cercles qui le divisent en quatre compartiments. A la main g. elle porte une palme, dans l'autre une couronne à lemnisques.

Vernis brun. — L 0,13.

205. Métamorphose d'Actéon. Le chasseur (à g.) est armé d'un javelot et d'un *pedum* qu'il brandit contre le chien qui se jette sur lui. Son manteau est replié sur le bras g. Les ramures de cerf qu'il porte au front marquent le commencement de sa transformation.

Vernis rouge. — I. 0,102.

206. Même sujet.

Vernis rouge. — L 0,085.

207. Ulysse attaché au bélier de Polyphème.

Vernis rouge. — L 0,11.

208. Grande lampe, dont le disque est orné d'une coquille. Anse décorée d'un appendice triangulaire qui représente en relief le navire d'Ulysse. Un rameur est assis à la poupe. Devant lui on voit Ulysse lui-même
qu'un de ses compagnons attache au mât.

Vernis rouge. — L totale 0,25.

209. Sirène drapée, tenant une flûte (?) à la main gauche.

Vernis rouge. — L 0,087.

210. *Écorcheur rustique.* Un chasseur, vêtu de l'*exomis*,
est en train d'éventrer un chevreuil, produit de
sa chasse. Le chevreuil est suspendu à la branche
d'un vieux chêne. Au pied de l'arbre, on aperçoit un
baquet et une tête de gibier. *Voir la vignette.* —
Ce sujet rappelle un groupe célèbre qui, de la
Villa Albani, a passé au musée du Louvre.
℞. La lettre D en relief, et au-dessus, le nom du
fabricant, PRI(*mi*), en légende rétrograde.

Terre jaune. Orifice brisé. — L 0,10.

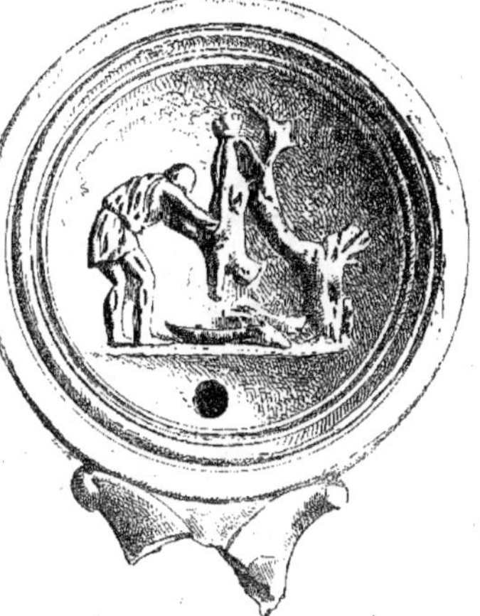

N° 210.

211. Pêcheur nu, à genoux devant une cuvette remplie
de poissons.

Vernis rouge. — L 0,084.

212. Caricature d'un pêcheur (à g.), vêtu de l'*exomis* et
coiffé du *pilos*. A la main dr. il tient sa ligne
avec un poisson qui vient de mordre à l'hameçon.
— Sur la bordure, deux fleurons, disposés comme les armes des rois sassanides sur les monnaies
de Chosroës.
Au revers, les lettres ΔA gravées au trait entre deux
cercles concentriques.

Terre rouge non vernissée.—Basse époque.—L 0,086.

213. Navire monté par deux hommes dont l'un, assis à la poupe, manie la rame. Autour du disque, une bordure
de raisins et de pampres. ℞. Plante de pied, en creux.

Terre brun clair. — L 0,088.

214. Guerrier asiatique blessé, coiffé de la mitre persique et vêtu d'une tunique talaire à manches longues. Il
gît étendu sur un bouclier sur lequel appuie sa main g. Son bras dr. est rapproché de la poitrine.
℞. Une L gravée à la pointe.

Terre jaune; vernis brun. — I. 0,097.

215. Trophée d'armes barbares, au pied duquel sont accroupis, à g. une femme voilée, à dr. un prisonnier
enchaîné. ℞. La lettre A gravée au trait.

Terre jaune. — I. 0,11.

216. Joueuse de lyre.

Terre jaune clair. — L 0,10.

217. Cestiaire à genoux.

Vernis rouge. — H 0,10.

218. Gladiateur à l'école, s'exerçant contre une haste plantée dans le sol (σκιαμαχία). Un grand casque à aigrette, un glaive, un bouclier circulaire et une *ocrea* à la jambe g. (*sinistrum crus ocrea tectum*, dit Tite-Live) composent son armure.

Terre jaune non vernissée. — L 0,084.

219. Combat de deux gladiateurs de la même arme. Ils n'ont pour vêtement que le *subligaculum; leur armure se compose d'un casque imitant la mitre persique, d'un bouclier oblong et convexe, d'une *harpé*, de deux jambières et d'une manche en lanières de cuir qui recouvre l'avant-bras g. Le vainqueur, tourné vers la g., se fend; l'autre vient de jeter son bouclier et porte la main g. à la poitrine comme s'il était blessé.

Terre jaunâtre. — L 0,088.

220. Deux gladiateurs (à g.) quittant l'arène. Le premier est coiffé d'un casque à aigrette et armé d'un grand bouclier rectangulaire. Il paraît blessé. Son vainqueur, marchant derrière lui, appartient à une autre arme, car son casque simule la mitre persique, et son bouclier est plus petit. Il porte une tunique courte qui laisse le pectoral g. à découvert, deux jambières, la *manica* à l'avant-bras g. et un coutelas à la main g. ℞. Le nom du fabricant, FAVSTI, en lettres cursives et en creux.

Vernis rouge. — L 0,11.

221. Gladiateur, de face, agenouillé sur le dos de son adversaire qu'il va achever d'un coup de *harpé*. Son costume se compose d'un *subligaculum,* d'un bouclier convexe, d'une manche en lanières de cuir (à l'avant-bras dr.) et d'un casque qui est tombé à terre. Le vaincu, casqué et armé de jambières, est couché sur son bouclier.

Vernis rouge. — L 0,097.

222. Gladiateur debout et de face, vêtu d'un *subligaculum,* casqué et armé de jambières, d'un bouclier convexe *(scutum)* et d'une *harpé (sica).* Il a la poitrine nue; à l'avant-bras dr. il porte une manche formée de lanières de cuir. ℞. La lettre H en creux.

Terre jaune. — L 0,10.

223. Gladiateur debout (à g.), coiffé d'un casque à aigrette *(galea cristata)*, armé d'un petit bouclier circulaire *(parma)*, la lance en arrêt. Il porte un *subligaculum,* une seule *ocrea* (à la jambe dr.) et une manche en lanières de cuir qui recouvre son bras g. tout entier.

Vernis rouge. — L 0,09.

224. Gladiateur blessé, à genoux. Il est vêtu d'une tunique courte qui laisse le pectoral dr. à découvert, et coiffé d'un casque qui simule la forme d'un bonnet asiatique orné de dentelures. D'une main, il tient son couteau, de l'autre un bouclier convexe. Deux jambières et une manche en lanières de cuir qu'il porte à l'avant-bras dr. complètent son costume.

Terre jaune. — L 0,087.

225. Armes de gladiateurs disposées en cercle autour de l'orifice central : 2 casques, 2 boucliers de Samnites, 2 jambières, un poignard et une *harpé*.

Vernis rouge. — L 0,087.

226. Même sujet : 2 casques, 2 boucliers de Samnites, 2 jambières, 2 glaives avec leurs bandoulières et une *harpé*, dont l'extrémité forme un angle droit.

Vernis rouge. Tr. à Citium. — L 0,11.

227. Enfant à cheval, galopant vers la dr. Il a le bras dr. levé. ℞. X en relief.

Vernis jaune. — L 0,10.

228. Cheval galopant vers la gauche. Il vient de remporter un prix aux courses, car il est couronné d'une palme et paré d'un collier. De chaque côté, on voit une couronne de feuillage avec une rosace au milieu. ℞. Légende circulaire en relief et en lettres rétrogrades : ΕΥΤΥΧΗΤΟC. Eutychès est le nom du fabricant. Le disque de la lampe a deux ouvertures (στόματα), l'une pour y verser l'huile, l'autre pour rajuster la mèche.

Terre jaune. — L 0,075.

229. Biche avec son faon (à g.).

Vernis rouge. — L 0,11.

230. Lampe ayant la forme d'un coq assis.

Vernis rouge. — H 0,06. L 0,095.

231. Grande lampe décorée d'une coquille, de volutes et de palmettes imprimées.

Vernis rouge. L'ornement triangulaire de l'anse est brisé. — L 0,28.

232. Coquille.

Terre grise. — L 0,12.

233. Godrons. ℞. Le nom du fabricant, VIBI, tracé à la pointe.

Terre jaune. — L 0,10.

234. Ceps de vigne plantés dans une petite amphore.

Terre rouge clair. — L 0,094.

N° 238.

235. Couronne de feuillage et de boutons de fleurs. Bordure de lierre imprimée.

Vernis rouge. Tr. à Citium. — L 0,12.

236. Lampe décorée de feuilles en relief. La poignée (en partie brisée) est formée de deux cordons réunis au moyen d'un nœud.

Terre noire. — L 0,10.

237. Lampe à parois épaisses. L'intérieur et l'orifice central sont enduits d'un vernis noir.

L 0,11.

238. Lampe chrétienne. Entre les deux orifices, une croix fourchée, cantonnée de quatre globules. Sur le bord, et en relief, la légende : φῶς Χ(ριστο)ῦ φένι (pour φαίνει) πᾶσιν.... *la lumière du Christ brille pour tous.* Je ne sais que faire des quatre dernières lettres de l'inscription. *Voir la vignette.*

Terre rougeâtre. — L 0,096.

239. Lampe byzantine, ornée de sept mascarons barbus.

Terre rouge, vernis brun recouvert de tartre. — L 0,095.

VIII. — BRONZE, ALBATRE, BASALTE

240. Petit chien paré d'un collier. — Bronze de l'époque primitive.
> H 0,047. — L 0,06.

241. Fer de lance.
> L 0,38.

242. Autre, avec sa douille en bois.
> L 0,195.

243. Deux petits fers de flèche.

244. Petit flacon cylindrique à parois épaisses. — Fabrique égyptienne.
> Albâtre oriental, jaune de miel. Tr. à Citium. — H 0,08.

245. Flacon en forme de clochette surmontée d'un goulot droit. Deux petits appendices simulent les anses. — Style très-ancien.
> Albâtre. — H 0,065.

246. Petit flacon cylindrique à parois épaisses, muni de deux appendices.
> Albâtre. — H 0,08.

247. Alabastrum du même genre, tr. à Citium.
> Albâtre. — H 0,15.

248. Grand flacon, muni de deux appendices et d'un orifice à rebord. Le tube du goulot est mobile et s'emboîte exactement dans le cylindre du vase.
> Albâtre. — H 0,21.

249. Amphorisque, tr. à Citium.
> Albâtre. L'une des anses est brisée. — H 0,105.

250. Amphorisque avec une anse travaillée à jour (l'autre est brisée). Forme très-rare. Tr. à Citium.
> Albâtre. — H 0,09.

251. Ours, en pierre verte d'Égypte. Art primitif.
> H 0,038. — L 0,06.

252. Flacon cylindrique muni de deux oreillettes et orné, à ses extrémités, d'imbrications gravées à la pointe.
> Basalte vert tendre. — H 0,125.

IX. — PIERRE CALCAIRE

253. Tête de Vénus de l'ancien style (fragment de statuette). Elle porte des pendants d'oreilles et un large diadème orné de cinq rosaces. Imitation du style égyptien.

H 0,11.

254. Tête de femme, parée de bijoux, les cheveux disposés en trois rangs de boucles symétriques et en partie cachés sous un bonnet (σάκκος).
Fragment de statuette. — Imitation de l'ancien style.

Les cheveux, les lèvres et une partie du foulard sont peints en rouge. — H 0,062.

255. Tête d'homme barbue, couronnée de lauriers et de fleurs. Les cheveux sont disposés en petites boucles symétriques.
Très-belle sculpture polychrôme de l'ancien style, d'une conservation irréprochable.

Col. pourpre (les cheveux, les moustaches et les contours des yeux), rouge (les fleurs), verte (le laurier et les folioles calicinales), noire (la barbe et les pupilles). — L'occiput est épannelé. — H 0,26.

256. Tête de jeune femme, parée de pendants d'oreilles. — Beau style.

L'occiput est scié, et une large entaille verticale y a été pratiquée. Le bas du col est percé de cinq trous. — H 0,23.

257. Tête de femme voilée, probablement d'une prêtresse. — Époque romaine.

Le bas du col est percé de trois trous. — H 0,24.

X. — VERRERIE

Verres translucides en pâte blanche ou verdâtre

258. Petit flacon à panse allongée ; pâte verte.

H 0,085.

259. Autre en pâte blanche translucide ; magnifique irisation nacrée.

H 0,083.

260. Flacon piriforme en pâte blanche translucide. Très-belle irisation métallique (bleu, vert et or).

H 0,09.

261. Ampulle à panse globulaire, surmontée d'un goulot en forme d'entonnoir.

H 0,11.

262. Flacon piriforme, orné de dentelures à la naissance de l'anse. Irisation nacrée.
H 0,14.

263. Ampulle piriforme, avec irisation métallique (bleu, vert et pourpre).
H 0,12.

264. Ampulle piriforme. Anse munie d'un poucier et ornée, à sa naissance, de dentelures en relief. Irisation nacrée.
H 0,13.

265. Flacon à panse rectangulaire, muni d'une anse plate à rebords. Irisation métallique (bleu, vert et or).
H 0,13.

266. Grand flacon à panse sphérique, muni d'une anse cannelée. Verre blanc ; irisation nacrée.
H 0,16.

267. Grand flacon en forme de bulbe avec un long goulot droit. Le goulot, entouré d'un fil en relief, s'évase vers l'orifice. — Irisation bleue.
H 0,17.

268. Grand flacon à panse déprimée et à goulot très-élevé. Irisation métallique.
H 0,17.

269. Grand flacon à panse sphérique, déprimée vers le bas et cerclée de rubans. Orifice en forme d'entonnoir, anse plate striée. Les rubans sont tracés à la meule.
Pâte verdâtre translucide. — H 0,175.

270. Grande *Prochous*, avec goulot en forme d'entonnoir et orné d'un collier en relief. Anse plate dépassant l'orifice.
H 0,19.

271. Petit verre, muni de son couvercle. La panse se rétrécit vers le haut. Irisation nacrée.
H 0,065.

272. Verre à boire, à parois très-minces, se rétrécissant légèrement vers le haut. Une rainure, tracée à la meule, fait le tour de la panse près de l'orifice. Irisation nacrée.
H 0,073.

273. Même forme, l'orifice entouré d'un fil en relief.
Patine noire. — H 0,09.

274. Même forme ; très-belle irisation nacrée.
H 0,07.

275. Petit verre à boire, en forme de cône tronqué, évasé vers le haut. Superbe irisation nacrée.
H 0,07. D 0,11.

276. Verre à boire, se rétrécissant vers le pied, qui est formé par un anneau. Patine irisée.
H 0,09.

277. Verre à boire, la panse en forme de deux cônes tronqués et superposés, le pied remplacé par un anneau. Magnifique irisation nacrée.

H 0,07.

278. Verre à boire, à parois très-minces, la panse côtelée au moyen de quatre dépressions perpendiculaires.

Patine noire. — H 0,11.

279. Verre à boire ; panse cylindrique, côtelée au moyen de six dépressions, et se rétrécissant vers le pied. Irisation nacrée.

H 0,09.

280. Coupe à parois épaisses, le culot décoré de deux cercles concentriques tracés à la meule. Tache violacée.

H 0,06. — D 0,12.

281. Coupe cylindrique à bord saillant. L'orifice est évasé et orné de moulures.

Pâte blanche tirant sur le vert. — H 0,07. D 0,135.

282. Coupe en verre blanc avec une grande tache de couleur violette.

D 0,15.

283. Coupe côtelée, avec irisation nacrée.

H 0,06. D 0,115.

284. Grande patère à ombilic, munie de deux anses découpées.

D total 0,23.

285. Autre, ornée de dentelures qui simulent les anses. Patine noire.

D 0,17.

286. Patère à parois très-minces. Irisation métallique (bleu, vert et or).

D 0,15. — Quelques lésions sur les bords.

287. Flacon à panse côtelée et ornée de feuilles en relief ; le goulot largement épanoui. Belle irisation nacrée.

H 0,11.

288. Flacon en forme de corps de colombe, terminé par un goulot droit. Verre blanc diaphane ; irisation nacrée. Le culte de Vénus, à laquelle la colombe était consacrée, avait son siége principal dans l'île de Chypre. On élevait des colombes dans le temple de Paphos.

H 0,064. D 0,075.

Verres à pâte colorée.

289. Petite coupe en pâte jaune, ornée, à l'intérieur, de cercles au trait.

D 0,11.

290. Amphorisque en pâte jaune clair, avec deux anses en verre brun opaque. La panse, soufflée dans un moule, est divisée en trois registres : on y voit une frise d'hélices entre deux rangs de godrons. — Forme très-rare et conservation irréprochable.

H 0,072.

291. Petit flacon pomiforme, sans anse, cerclé de fils en relief. Pâte violacée ; irisation métallique (bleu, vert et or).
H 0,10.

292. Petit flacon piriforme en pâte bleue, entouré d'un fil en spirale et en relief.
H 0,08.

293. Ampulle pomiforme sans anse. Pâte bleu cobalt.
H 0,05.

294. Même forme. Une rainure marque la ligne d'intersection entre la panse et le goulot. Pâte bleu cobalt. Irisation.
H 0,075.

Verres en pâtes opaques polychrômes.

295. Alabastron à panse cylindrique, muni de deux oreillettes. Le haut du cylindre est côtelé. Décor imitant les feuilles de la fougère.
Blanc et jaune sur un fond bleu. — H 0,08.

296. Alabastron avec un goulot à rebord, orné de cercles et de dentelures.
Violet sur un fond blanc laiteux. — H 0,10.

297. Même forme et même genre de décoration.
Blanc et bleu clair sur un fond brun. — H 0,135.

298. Amphorisque à panse côtelée, pointue par le bas et ornée de cercles et de dentelures.
Vert et jaune sur un fond bleu cobalt. — H 0,10.

299. Autre exemplaire, un peu moins grand.
H 0,085.

300. Petit flacon sphérique à deux anses, avec goulot en forme d'entonnoir. Cercles et dentelures.
Jaune et vert clair sur un fond bleu cobalt. — H 0,065.

301. Œnochoé à embouchure trilobée. Même genre de décors.
Jaune et bleu clair sur un fond bleu cobalt. — H 0,10.

ANTIQUITÉS ÉTRUSQUES

I. — VASES A COUVERTE NOIRE

3o2. Grande amphore à anses cannelées.
La panse est divisée en deux registres; de chaque côté, on voit :
A. Un sphinx femelle, couronné d'une fleur de lotus et assis entre deux sphinx accroupis.
B. Trois sphinx assis, également couronnés de lotus et alternant avec trois bustes de femmes qui portent, chacune, à la main dr. tendue en avant, une tête de bélier. Ces sujets, en relief, ont été imprimés à l'aide d'un cylindre.
Le col est orné de deux mascarons diadémés et de quatre cercles concentriques, séparés par un rang de têtes de clou. Quatre mascarons de femmes voilées sont disposés autour de l'orifice. — Sur le pied du vase, une torsade gravée au trait.

H 0,55.

3o3. Grande amphore à anses cannelées; le pendant du n° précédent.

3o4. Amphore. Le haut de la panse est orné d'une frise estampée, représentant le combat des Centaures et des Lapithes. Le même groupe (deux Centaures, un Lapithe à cheval et deux à pied) se répète jusqu'à cinq fois.

H 0,30.

3o5. Grande *prochous* à anse surélevée. Sur la panse, en bas-relief, un cortége de sept cavaliers, portant chacun un corbeau sur la main gauche. Leurs casques à aigrettes recouvrent la tête tout entière et ne laissent libres que les yeux et la bouche. Ces figures ont été imprimées à l'aide d'un cylindre. La partie supérieure du vase et l'embouchure sont côtelées; chaque côte du goulot porte une palmette; l'anse est décorée de volutes et d'un mascaron de femme.

H totale 0,40.

3o6. Œnochoé à embouchure trilobée, ornée de deux mascarons de femmes diadémées. Sur la panse, au-dessous d'un rang de godrons, on voit un cortége de quatre cavaliers, les mêmes qui décorent la grande *prochous* n° 3o5. Chaque cavalier porte un corbeau sur la main gauche. Un lion, en relief, est couché sur l'anse.

H 0,33.

3o7. Grand scyphus à anses surélevées. Dentelures en relief et feuilles de lotus tracées au pointillé.

H totale 0,155. D 0,16.

3o8. Scyphus à couverte noire; anses surélevées.

H totale 0,11. D 0,105.

3o9. Kyathis à couverte noire. L'anse, au lieu d'être arrondie, forme plusieurs angles. Cercles concentriques gravés au trait.

H totale 0,175. D 0,16.

II. — TERRES CUITES

3ro. Mascaron *(oscillum)* de Méduse mourante. Elle a les paupières mi-closes, la langue pendante; sa bouche, toute grande ouverte, découvre deux rangées de dents formidables. Ses cheveux sont disposés en boucles symétriques. — Ancien style.

H 0,067.

3rt. Mascaron *(oscillum)* d'un Satyre barbu, avec des oreilles de cheval. Ancien style. Cheveux, barbe et moustaches frisés et colorés de rouge et de bleu.

Tc. à Capoue. — H 0,054.

III. — BRONZES

3r2. Grand *lébès* étrusque, sans anses. La poignée du couvercle a la forme d'un gland; l'embouchure est décorée d'un rang de godrons. — Trouvé à Capoue.

Vente Castellani n° 273. — H 0,32.

3r3. Mascaron de lion à la gueule béante. Bouche de fontaine (λέων κρηνοφύλαξ).

Vente Castellani n. 316. — L 0,09.

VASES PEINTS

I.—CORINTHE

314. *Pinax.* Autour d'un fleuron symbolique qui occupe le centre, sont groupés : 1) deux oiseaux à têtes de femmes, affrontés, coiffés chacun d'un calathus, les ailes recroquevillées ; 2) deux Sphinx femelles accroupis et affrontés ; 3) un oiseau à tête de femme et un Sphinx accroupi ; 4) un ornement composé de deux calices de fleurs. Rosaces dans le champ et sur le bord du pinax. — Au revers, un grand oiseau à tête de femme (à g.), coiffé d'un calathus, les ailes recroquevillées. — Style oriental.

> Terre rouge brique ; peinture noire et pourpre ; détails gravés au trait. — Trou à suspension. — D 0,20.

315. Œnochoé divisée en trois registres et représentant des animaux symboliques. Au milieu, on voit un bouquetin paissant entre deux lions ; en haut et en bas, une oie entre deux Sphinx femelles accroupis. Ces groupes sont entourés de sept lions, de deux oies et de cinq bouquetins. Dans le champ, semis de rosaces. Style oriental.

L'orifice du vase est trilobé, l'anse surélevée et formée de deux tiges réunies.

> Terre blanche ; peinture noire et pourpre ; détails au trait. — H 0,26.

316. Grand vase bursiforme (βομβυλιός ?) muni d'une oreillette.

Coq aux ailes éployées ; dans le champ, semis de rosaces et de fleurons. D'autres rosaces décorent le fond du vase et le tour de l'orifice. — Style oriental.

> Terre blanche ; peinture noire et pourpre. Détails gravés au trait. — H 0,21.

317. Grand alabastron à deux registres, séparés par une frise d'imbrications.

En haut, un lion couché, un oiseau éployé à tête d'homme barbu et une oie (à g.). Semis de rosaces dans le champ. — En bas, un cerf paissant, une lionne (à g.) et une oie. — Style oriental.

> Terre blanche ; peinture noire et pourpre ; détails au trait. — H 0,24.

318. Grand scyphus, représentant d'un côté un aigle éployé entre deux oiseaux à têtes de femmes, et au revers une oie entre deux lionnes. Dans le champ, semis de rosaces.

Bordures ornementées ; pied décoré de cercles concentriques ; à l'intérieur, coloration rouge et noire.

> Style oriental. Terre blanche, couleurs noire et pourpre. Détails gravés à la pointe. — H 0,135. D 0,19.

319. Grand scyphus, représentant un bouquetin paissant, une lionne, un porc paissant et une oie. Semis de rosaces dans le champ. Le pied et l'intérieur du vase sont ornés de cercles concentriques.

> Terre blanche ; peint. noire et pourpre. Détails gravés au trait. — H 0,13. D 0,19.

320. Vase sphérique à anse plate. Au milieu d'un semis de rosaces, on voit un oiseau éployé, à tête de femme, et de chaque côté un lion. Le goulot et son rebord sont également ornés de rosaces. Style oriental.

> Terre blanche ; peinture noire et pourpre ; détails gravés au trait. — H 0,14.

321. Aryballe représentant un lion, dont le buste seul est intact. Rosaces sur le culot du vase et autour de l'orifice. Style oriental.

> Terre blanche ; peinture noire et pourpre ; détails au trait. — H 0,06.

322. Petit flacon muni d'une oreillette. Deux lions affrontés au milieu d'un semis de rosaces. Le dessous du vase est également orné d'une rosace.

> Terre blanche avec peinture noire et pourpre ; détails gravés au trait.—Les têtes des deux lions sont effacées.—H 0,08.

323. Vase à panse déprimée, muni de deux petites anses surélevées. Décor : fleurs de lotus, palmettes et feuilles.

> Terre blanche ; peint. noire et rouge clair. — Le couvercle manque.— H 0,075. D 0,14.

324. Tasse à deux anses. De chaque côté d'une fleur symbolique, on voit un oiseau à tête de femme, les ailes recroquevillées. Derrière elles, des lions et des bouquetins paissant. Champ semé de rosaces. — Style oriental.

> Terre blanche ; peint. noire et pourpre ; détails gravés au trait. — H 0,07. D 0,12.

II. — GRANDE-GRÈCE

325. Œnochoé à tableau, tr. à Sainte-Marie de Capoue. Mulet attaché à un mur. Il porte sur son dos un panier chargé d'une amphore à vin. Rameaux dans le champ.

> Ancien style. Peinture noire et brun clair sur un fond blanc. Panse brun foncé. — H 0,21.

326. Kélébé à tableaux.

A. Deux Centaures, aux traits satyresques, lancent des pierres contre un hoplite qui s'enfuit en brandissant sa haste et en se couvrant de son bouclier.

B. *Hoplite partant pour la guerre.* Un jeune homme, coiffé du *pilos*, vêtu d'une chiton brodée et armé d'une cuirasse, monte sur son quadrige. Il vient d'en saisir les guides, et sa main droite tient déjà le *kentron* pour exciter les chevaux. Au flanc droit il porte un glaive, et sur le dos un bouclier. Un vieillard et une femme, drapés dans des manteaux brodés, sont debout derrière le char ; devant l'attelage on voit une jeune fille. C'est évidemment la famille de l'hoplite, son père, sa mère et sa jeune sœur, qui viennent lui faire leurs adieux. Le vieillard a le bras gauche levé ; son bras droit s'appuie sur un bâton. Les deux femmes portent des bandeaux rouges dans les cheveux.

L'orifice du vase est orné de grecques, de feuillage et de deux fleurs de lotus. Les tableaux sont encadrés de guilloches et de rameaux de lierre.

Ancien style.

> Coul. noire, blanche et pourpre sur un fond rouge ; détails gravés au trait. — H 0,29. D 0,105.

327. Hydrie à tableau. — Satyre dansant (à g.). Comme tous les Satyres de l'ancien style, il a une longue
barbe, des oreilles de cheval et l'*hippouris*.

Peinture noire sur un fond rouge; les couleurs ont été ternies au contact du feu. — Imitation de l'ancien style.
— H 0,096.

328. *Kylix*, trouvée à Sainte-Marie de Capoue.

Dans l'intérieur du vase, une jeune fille, drapée et parée d'un collier, est debout entre un calathus, rempli
de laine rouge, et un siége avec son tabouret. La tête tournée en arrière, elle tient d'une main son
miroir, dans l'autre une bandelette. Ses cheveux sont cachés sous un bonnet (σάκκος). Les deux pre-
mières lettres de l'inscription : [hε] ΓΑΙϞ ΚΑΛξ *(la jeune fille est belle)* ont disparu sous un repeint.

Fig. rouges sur un fond noir. Le collier est peint en pourpre. — D 0,21.

329. *Stamnos*, trouvé à Chiusi.

A. *Pélée conduisant son fils chez le Centaure Chiron.* Au milieu du tableau, on voit un pommier, chargé
de fruits et de feuilles. A g., Achille enfant, nu, les cheveux entourés d'un ruban rouge et retombant en
longues boucles sur les épaules. Le geste de ses bras indique que la vue du Centaure lui cause un pro-
fond étonnement.

Son père, debout derrière lui, porte le costume des voyageurs : un pétase attaché au cou, des endromides
de fourrure, une chiton courte, sans manches, recouverte d'une peau de bête et d'une chlamyde. Il est
armé de deux lances, selon la coutume grecque. Sa barbe est taillée en forme de coin; ses cheveux,
frisés au-dessus du front et noués en *krobylos*, sont maintenus par une bandelette.

A la dr. de l'arbre, Chiron répond au salut de Pélée en allongeant le bras. Il a la forme des Centaures de
l'ancien style, c'est-à-dire que ses jambes antérieures ne sont pas celles d'un cheval, mais des jambes
humaines. Sa draperie se compose d'une chiton à manches courtes et d'un manteau ; ses cheveux sont
bouclés et couronnés de feuilles. Un lièvre et un renard qu'il porte suspendus à une branche d'arbre
nous font connaître le métier qu'il va apprendre à son jeune élève. *Voir la chromolithographie,* pl. V.

Cette admirable peinture remonte à la première moitié du quatrième siècle avant l'ère chrétienne. Le
même sujet se retrouve sur quelques vases peints à figures noires. L'artiste s'est inspiré de ces modèles ;
il n'a rien changé dans l'ordonnance du groupe, et s'il y a des différences entre son œuvre et celles de
ses devanciers, elles tiennent uniquement aux progrès de l'art et à l'épuration du goût.

B. Trois personnages drapés, dont deux éphèbes, appuyés sur des bâtons.

Style sévère.

Fig. rouges sur un fond noir; détails en bistre. Sous le pied du vase, un monogramme gravé à la pointe. — H 0,35.

330. Grande amphore de Nola, munie de son couvercle; anses cordées.

A. *Ajax et Kassandre.* Quatre figures sont groupées autour d'un Palladium : Kassandre (ΚΑξξΑΝΔΡΑ), à
genoux sur les marches du piédestal, se cramponne au bouclier de l'idole; Ajax de Locres la poursuit
et la saisit par les cheveux pour l'arracher du lieu saint; Minerve, armée d'une haste, étend le bras dr.
vers sa protégée, comme pour s'opposer au sacrilége; enfin, une hiérodule prend la fuite en emportant
sur sa tête un coffret avec les vases sacrés.

La statue, érigée sur trois gradins, est un de ces ξόανα de l'ancien style, dont nous connaissons
de si nombreux exemples. La déesse est placée de face dans une attitude hiératique, portant au bras g.
un grand bouclier ovale et brandissant de la droite levée un javelot. Elle a les cheveux bouclés ; son
casque est orné de dentelures ; son costume troyen se compose d'un pourpoint à manches longues et
d'anaxyrides collantes, retenues à la taille par un ceinturon. Toute la draperie est brodée, et les dessins
géométriques qui la décorent, sont du style le plus primitif. De larges bandeaux enserrent les genoux et
les chevilles, pour empêcher la statue de quitter le temple.

Kassandre a le bras g. à découvert. Ajax, qui s'élance d'un bond sur sa captive, porte une cuirasse, une longue haste, un bouclier ovale (*épisème :* un astre), et un casque à aigrette, dont la mentonnière, relevée, est ornée d'un serpent. Quant à Minerve, elle n'est caractérisée que par sa lance et son égide garnie d'écailles et de serpents. La ténie qui maintient ses cheveux, est décorée de feuilles.

Cette peinture, par la beauté du style et la hardiesse du dessin, occupe une place importante dans la série des monuments qui représentent le même sujet. *Voir la chromolithographie,* pl. VI.

B. Scène de congé. Un jeune homme (à g.), chaussé de brodequins et drapé dans une chlamyde, prend congé de sa famille. Il porte son pétase sur la nuque, et un bâton de voyage à la main dr. Une femme, sa mère à n'en pas douter, tenant d'une main une patère, de l'autre un petit seau, s'apprête à lui verser à boire pour qu'il offre aux dieux protecteurs la libation d'usage (la σπονδή). Derrière l'éphèbe, un vieillard, appuyé sur un bâton, préside à la cérémonie. Voir le n° 331.

Palmettes sous les anses et sur le goulot. — Le bouton du couvercle a la forme d'un gland.

Style sévère de la première moitié du 4ᵉ siècle avant notre ère; l'alphabet présente un mélange d'archaïsmes et de lettres relativement jeunes.

Figures rouges sur un fond noir; les couleurs ont été ternies au contact du feu. — H totale 0,70.

331. Grande amphore, avec deux anses en torsade.

A. Un guerrier nu, coiffé d'un casque à aigrette, et portant au bras g. une haste et un bouclier ovale (*épisème :* un serpent), est debout (à g.) devant une jeune femme drapée, qui tient une *prochous* dans les deux mains et s'apprête à verser du vin dans la patère ombiliquée qu'il lui présente. Un grand nombre de vases peints ont pour sujet la cérémonie de la σπονδή. Dans l'antiquité, quand le fils quittait la maison paternelle, on oubliait rarement de faire une libation pour lui assurer la protection des dieux.

Le guerrier porte sa chlamyde, en écharpe, sur le bras g.; son casque est décoré de volutes et garni de mentonnières. La draperie de la jeune femme se compose d'une chiton à manches courtes et d'un épibléma. Ses cheveux, disposés, au-dessus du front, en quatre rangs de boucles symétriques, retombent sur la nuque; un bandeau, orné de feuilles, les maintient.

La σπονδή a fourni à M. Stephani le sujet de deux mémoires qui ont donné à cette question une importance et un attrait inattendus (*Comptes rendus de la Commission archéol. de Saint-Pétersbourg,* 1873 et 1874). Sur un vase de terre, trouvé récemment à Bonn, on lit l'inscription : AQVAM SPARGE (*Bonner Jahrbücher,* t. LIII-LIV, p. 320).

B. Homme barbu et drapé, appuyé sur un bâton noueux.

Palmettes sous les anses.

Style sévère (de la première moitié du ivᵉ siècle avant notre ère).

Fig. rouges sur un fond noir. — H 0,55.

332. Grand Oxybaphon, trouvé en Apulie.

A. Victoire tenant une bandelette brodée et ornée de franges. La déesse est drapée dans une chiton talaire transparente; une ténie blanche entoure son front. Devant elle, on voit un jeune homme nu (à g.), portant à la main dr. levée un rameau de laurier, dans l'autre un fouet et un bouclier circulaire (*épisème :* une étoile). Plus loin, un jeune cavalier, également nu, tient de la main dr. levée un cerceau. Son cheval porte sur la cuisse g. une marque de race, la lettre archaïque ⊕, comme les chevaux de Corinthe portaient un *koppa* et ceux de Sicyone un *san.* Dans le champ, un laurier et deux petites plantes.

Ce sujet représente une phyllobolie; il s'agit d'un vainqueur aux courses qui reçoit sa récompense, la bandelette et la branche de laurier. Dans les *Comptes rendus de la Commission archéologique de Saint-Pétersbourg* (1874), M. Stephani a traité cette question avec une méthode et une érudition incomparables.

B. Trois éphèbes drapés. En haut, un disque crucifère.

Bordure de feuilles de laurier; palmettes sous les anses.

Fig. rouges sur un fond brun. — H 0,36. D 0,41.

333. *Amphore-pélique.* Beau style.

A. Hermès au vol (à g.), vêtu d'une chiton courte et d'un manteau, le caducée au bras g. Son chapeau et ses chaussures sont ailés. Le bras dr. étendu *(voir la vignette)*, il poursuit

B. une jeune fille (Hersé?) qui prend la fuite en retournant la tête vers son persécuteur. La draperie de la jeune fille se compose d'une chiton à manches courtes et d'un himation. Ses cheveux sont cachés sous un bonnet (σάκκος); son bras dr. est tendu en avant.

Fig. rouges sur un fond noir. — H 0,225.

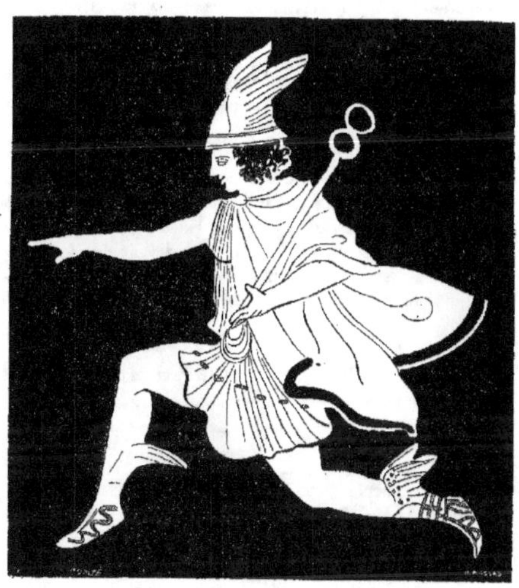

N° 333.

334. Amphore-pélique de Nola. Beau style.

A. Un homme barbu, tenant à la main g. un scyphus sans anses, se retourne vers un jeune homme qui le suit de près. Ils sortent d'un banquet, ivres de vin, la chlamyde jetée sur l'épaule, et ne se soutiennent qu'à l'aide de leurs bâtons. Tous les deux sont couronnés de ténies et de feuilles de lierre.

B. Ephèbe drapé.

Palmettes sous les anses.

Peinture rouge sur un fond noir. — H. 0,24.

335. Grand *scyphus*, trouvé à Sainte-Marie de Capoue.

A. Combat entre deux éphèbes armés de glaives et de boucliers (*épisème :* une rosace). Celui de dr. porte des anneaux aux jambes. Son casque, peint en blanc et cerclé de lames jaunes, est maintenu par deux bandelettes nouées sous le menton; mais le casque de son adversaire a été renversé par un coup d'épée et ne tient plus sur la nuque que par les attaches. Les fourreaux des glaives sont cerclés de fils en spirale.

6

B. Deux éphèbes drapés, près d'un cippe palestrique. Un disque, une couronne et une ténie sont suspendus au mur.

Palmettes sous les anses.

Couleurs rouge, blanche et jaune sur un fond noir. — H 0,288. D 0,27.

336. Lécythe en forme de pyxis, trouvé en Apulie.

Sur la panse, on voit une femme drapée, parée de bracelets et de rangs de perles, assise sur un tertre et tenant un plateau et un éventail. Dans le champ : une rosace et des rinceaux.

Le dessus représente une réunion de quatre divinités. Une déesse voilée et parée de bracelets est assise sur un rocher. Elle porte un plateau et un long sceptre. Devant elle, Hermès, debout et le pied posé sur une pierre, tient son caducée à la main. Il semble prendre une fleur ou un fruit dans la patère que la déesse lui présente. Ses chaussures sont ailées ; son manteau, agrafé sur l'épaule dr., laisse le corps à découvert.

A l'extrémité du tableau, on voit Athéné assise, parée d'un collier, de bracelets et de boucles d'oreilles, les cheveux entourés d'une étoffe brodée et couronnés de feuillage. Elle porte sa lance au bras g. ; le bras dr. est appuyé sur un bouclier, la tête tournée en arrière. Du côté opposé, une déesse drapée, parée de bijoux et de feuilles, est assise sur un siége. Elle aussi semble s'intéresser au groupe principal. Sa main dr. tient un éventail, et une ténie est suspendue devant elle. *Voir la vignette.*

Le sujet de cette peinture n'est pas facile à expliquer. La déesse voilée est très-probablement Déméter, et dans ce cas, celle qui tient l'éventail pourrait être Koré, sa fille. Mais rien n'empêche de prendre cette dernière pour Aphrodite.

Palmettes dans le champ.

Anse surélevée, décorée de rameaux fleuris, d'une palmette et de deux mascarons de femmes en relief. — Autour du goulot, une bordure d'oves.

Couleurs rouge, blanche et jaune sur un fond brun foncé. — H 0,29.

337. Grand canthare d'Apulie.

A. Femme drapée, assise sur un chapiteau d'ordre ionique, la tête tournée en arrière. Parée de perles et de bracelets, elle porte sur la main g. un coffret orné de grecques ; à la main dr., abaissée, une grappe de raisin. — Ténies dans le champ.

B. Hermaphrodite, couronné d'un bandeau et assis sur un tertre où il a déposé sa chlamyde. Lui aussi tourne la tête en arrière. A la main g. il porte une couronne et un plateau chargé de fruits ; à la dr.,

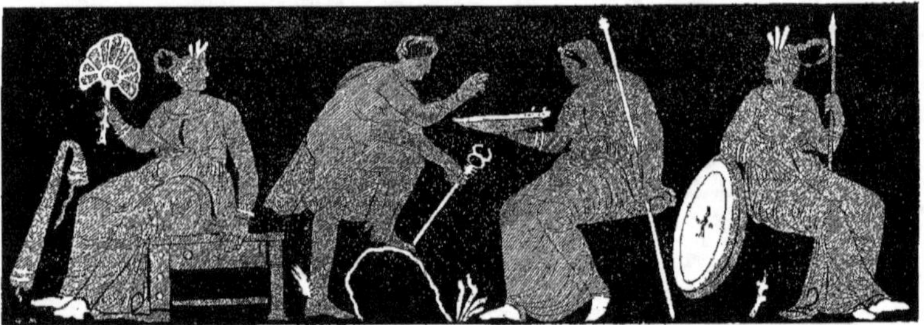

N° 17.

abaissée, une grappe de raisin. Un rameau fleuri est appuyé contre son bras dr. — Dans le champ, une ténie, des feuilles de lierre, etc.

Chaque tableau est bordé de deux thyrses blancs, et deux mascarons de femmes, en relief, servent d'attaches aux anses.

Couleurs rouge, blanche et jaune sur un fond brun foncé. — H 0,27. — Vente Castellani, p. 192.

338. Grand *Askos* d'Apulie. Femme ailée assise (à g.), parée de bracelets et de rangs de perles, le buste à découvert. Elle tient dans la main dr. un grand plateau, muni d'un couvercle bombé; dans la g., abaissée, une feuille de lierre. Un éventail, travaillé à jour, se voit à ses côtés. — Palmette et rinceaux dans le champ.

Couleurs rouge, blanche et jaune sur un fond brun foncé. — H 0,21.

339. Amphore cannelée de Gnathia.

Sur le col : une tête de femme, de face, entourée de rinceaux et de rosaces. Au milieu de la panse, sur un bandeau ménagé entre les cannelures : tête de femme à g. également entourée de rinceaux.

L'orifice est largement épanoui, les anses sont formées de deux tiges cylindriques, juxtaposées et réunies au moyen d'un nœud.

Couleurs jaune, blanche et rouge sur un fond brun foncé. — H 0,36.

340. Lécythe sans anse.

Tête de femme, entourée de rinceaux et coiffée d'une sphendoné de couleur pourpre avec un semis de points blancs.

Couleurs rouge et jaune sur un fond noir. — H 0,16.
Apulie. — Vente Castellani, n. 213.

341. Lécythe sans anse. Colombe au vol (à g.), portant une couronne de myrte dans son bec. Rosace et rinceaux dans le champ.

Couleur blanche appliquée sur un fond brun ; les ornements sont en partie gravés à la pointe. — Fabrique d'Apulie. — H 0,15.
Vente Castellani, n° 213.

342. Lécythe. Ornement formé de trois calices de fleurs superposés; à droite et à gauche, quelques rinceaux; dans le haut, une bordure d'oves dont les contours sont en partie gravés au trait.

Couleurs blanche et jaune appliquées sur un vernis brun foncé. Fabrique italiote (Apulie). — H 0,21.
Vente Castellani, n° 202.

343. Canthare, décoré d'un quadrillé et d'un rameau de laurier avec des baies.

Couleurs rouge et blanche sur un fond noir. — Basilicate. — H 0,11.

344. Canthare, orné de lierre et de feuilles d'arbre. Couleurs rouge et blanche appliquées sur la couverte noire.

Apulie. — H 0,11.

345. Grand scyphus de *Gnathia*. Cannelures interrompues, au milieu de la panse, par une ceinture lisse. Sur le devant, un rameau de lierre avec des corymbes s'enlace autour de l'orifice; d'autres bordures décorent les anses et le pied du vase.

Couleurs blanche, jaune et pourpre sur un fond noir. — H 0,21. D 0,145.

346. Grande amphore cannelée, à couverte noire, trouvée à Cumes. Un bandeau, entourant le milieu de la panse, interrompt les cannelures. L'orifice est largement épanoui, le pied élevé.

H 0,61.

347. Petite œnochoé à embouchure trilobée.

    Vernis noir. Fabrique de Nola. — H 0,105.

348. Scyphus à panse godronnée. L'anse est formée de deux tiges cylindriques juxtaposées.

    Vernis noir très-brillant. — H 0,053. D 0,10.

349. Scyphus décoré de stries très-fines ; l'anse est formée de deux tiges juxtaposées.

    Vernis noir. Fabrique de Nola. — H 0,10.

350. Tasse à deux anses. A l'extérieur : cercles concentriques gravés au trait.

    Vernis noir. — H 0,057. D 0,12.

351. Petit vase, ayant la forme d'un enfant drapé et accroupi, dont le bras g. est replié sur la poitrine. Couverte blanche. Le goulot, à orifice trilobé, et l'anse surélevée sont peints en noir.

    H 0,13.

III. — ATTIQUE

352. Grande *prochous* à anse plate, légèrement surélevée et rattachée au vase par une traverse. Dix frises de dessins géométriques recouvrent la panse, si complétement que le ton naturel de la pâte disparaît sous cette profusion de cercles, de dentelures, de carreaux et de feuilles. Parmi les décors du col, on remarque trois croix à bras recourbés comme celles qui figurent sur les poteries de la Troade et de l'île de Chypre. L'anse est ornée d'un grand serpent enroulé.
Les vases grecs de cette fabrique sont extrêmement rares et de la plus haute antiquité.

    Terre blanche ; peinture noire (ou noir passé au rouge). — H totale 0,55.

353. *Lécythe*. Hercule (ΗΡΑΚΛΕΣ) offrant une libation. Le héros porte toute sa barbe ; il est vêtu d'une chiton courte que recouvre une peau de lion, serrée à la taille au moyen d'un ceinturon. Appuyé sur une énorme massue noueuse, il a les deux bras tendus vers l'autel, où le feu est allumé. Sa main g. tient un fruit, l'autre un canthare. Palmettes et rinceaux dans le champ. *Voir la vignette à la page suivante.*
Le haut de la panse est décoré de palmettes, peintes en noir sur un fond rouge.
Ancien style.

    Le sujet est peint en noir sur un fond blanc ; la flamme de l'autel est rouge. — H 0,16.

354. Petit vase en forme de phallus, orné d'un bucrâne en relief. Le bucrâne est peint en noir sur un fond rouge à vernis très-brillant, mais les yeux et les poils sont gravés au trait. Au-dessus et autour du rebord du goulot se déroule une frise de grecques. Deux palmettes décorent le haut de la panse, et

deux autres palmettes se voient sur le rebord qui se rattache au vase par deux petites anses. Dans l'antiquité, le phallus et le bucrâne servaient de talismans.

Cet objet, unique jusqu'à présent, est d'un très-beau style et d'une admirable fraîcheur de conservation. Les lésions sont insignifiantes.

H 0,11.

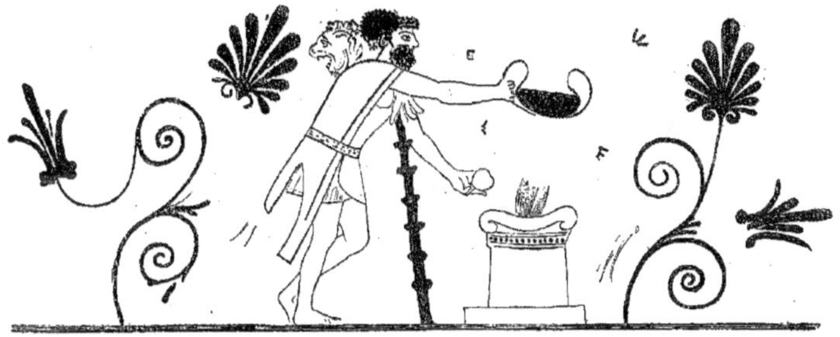

N° 353.

355. Alabastron; imitation de l'ancien style. Trouvé à Athènes (ancienne coll. Fauvel).
A. Jeune homme, vêtu d'un manteau qui laisse le haut du corps à découvert, appuyé sur un bâton noueux et offrant un lièvre à un éphèbe drapé (à g.).
B. Jeune homme drapé, debout (à g.) devant un éphèbe appuyé sur un bâton noueux. Derrière lui, un chien et une gibecière suspendue au mur.
Les quatre éphèbes sont couronnés de bandelettes rouges. — Légendes fictives.

Fig. noires sur un fond blanc; détails gravés au trait. — H 0,17. — Vente Pourtalès n° 337.

356. *Pyxis*, représentant l'intérieur d'un gynécée. Une colonne cannelée, d'ordre dorique, supporte le plafond. Six jeunes filles, divisées en trois groupes, sont assises sur des fauteuils ou des siéges sans dossier. L'une d'elles achève sa toilette en se regardant dans son miroir; une autre met ses chaussures; la troisième joue aux balles, pendant que sa sœur tresse une couronne. Plus loin, on voit une femme, assise de face, et tenant une fleur à la main dr. levée. Elle tourne la tête vers sa compagne qui semble lui présenter une seconde fleur et qui porte un fruit dans la main g. Ce dernier groupe est séparé par une corbeille à ouvrage.
La chiton aux fines plissures, garnie de manches courtes, et l'épibléma pittoresquement ajusté forment la draperie des jeunes Athéniennes. Leurs cheveux sont entourés de rubans et disposés, au-dessus du front, en plusieurs étages de boucles symétriques. Puis, pour éviter la monotonie, ils sont tantôt parés de feuilles, tantôt noués en *krobylos* sur le sommet de la tête, s'ils ne tombent pas en toute liberté sur la nuque et les épaules. Des boucles d'oreilles et des bracelets, dont on distingue les griffes en forme de fleurs de lis, ajoutent au charme de cette merveilleuse composition.
Dans le champ, on lit la signature de l'artiste : ΜΕΚΑΚΛΕΣ *(sic)* ΕΠΟΙΕΣΕΝ *(Mégaklès a fait)*. Les lettres, peintes en rouge pourpré, font partie de l'alphabet attique tel qu'il était en usage avant la guerre du Péloponnèse. Et cet indice chronologique se trouve confirmé par le style de la peinture, qui, en dépit de sa grâce, déjà si simple et si heureuse, n'a pas triomphé complétement des entraves de l'archaïsme.

J'ajouterai un détail qui a son prix. La colonne cannelée est sans base; elle s'amincit vers le haut, et son échine, très-élevée, soutient l'abaque sans aucun ornement intermédiaire. Elle est donc antérieure à la colonnade du Parthénon.

Le nom de Mégaklès ne figure pas encore au catalogue des artistes grecs. Nous ne connaissons d'ailleurs qu'une douzaine de noms d'artistes, peintres ou potiers, qui appartiennent exclusivement à la Grèce propre.

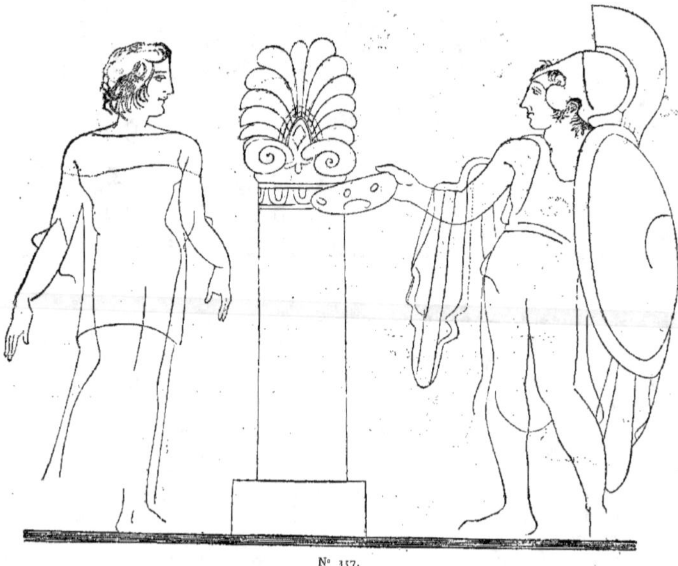

N° 357.

Sur le couvercle, on voit deux arbustes et cinq lièvres dans des poses diverses. Le lièvre était un symbole d'amour.

Voir la chromolithographie, pl. VII.

Figures rouges sur un fond noir. La couronne, les chaussures et l'inscription sont peintes en pourpre. Les bijoux, les bandelettes, les balles, la pomme, les fleurs et les feuilles qui servent de parure sont en relief, ce qui prouve qu'ils étaient dorés. Les lignes noires, tracées au pinceau, sont d'un relief moindre, quoique très-sensible. Le bouton du couvercle, en bronze, a été arraché, et la brisure a emporté une partie du fleuron central. L'intérieur de la pyxis est peint en noir. — H 0,065. D 0,085.

357. Lécythe athénien.

Offrandes funèbres. Un guerrier et une jeune fille sont debout des deux côtés d'une stèle sépulcrale, couronnée d'une palmette et ornée de bandelettes rouges.

La jeune fille tient une ténie à la main g. ; une large bande violette forme la bordure de sa draperie. L'éphèbe, coiffé d'un casque à aigrette, porte un bouclier au bras. Son manteau, d'une étoffe violette, est plié en écharpe ; sa main dr., avancée vers la stèle, tient une patère ombiliquée, dont il verse le contenu sur le marbre, à l'endroit où l'on inscrivait le nom du défunt. Dans l'autre main, cachée sous le bou-clier, il porte également une ténie. *Voir la vignette à la page 46* (le dessinateur a négligé de reproduire les bandelettes).

En haut, dans le champ, un disque (?) suspendu.

Enduit blanc. Dessin au trait bistré ; coloration rouge et violette. — L'anse est brisée. — H 0,28.

358. Petit vase en forme de coquille bivalve (du genre Peigne). La panse est colorée de blanc, le goulot et les deux anses sont peints en brun.

H 0,092.

359. Amphorisque en forme d'amande. Le goulot et les anses sont colorés de noir et de rouge brique.

H 0,14.

360. Pyxis munie de son couvercle. Terre jaune affinée avec un soin particulier et décorée de quelques cercles noirs. C'est un des plus jolis vases qui existent dans ce genre.

H 0,06. D 0,11.

361. Vase à cosmétique. C'est une boule de fard blanc (γύψου χρῶμα, dit l'Anthologie), dont la forme rappelle ces petits vases sphériques, à rebord, que l'on fabriquait dans l'ancienne Corinthe. Un fragment de style en bronze obstrue le tube qui imite l'orifice, et ressort du côté opposé. Sous le tartre, on découvre une gla-çure blanche, ressemblant à l'onyx.

H 0,04. D 0,054.

TERRES CUITES GRECQUES

I.—TANAGRA

La collection de M. Albert Barre comprend une très-belle série de terres cuites de Tanagra. Il ne sera pas hors de propos de rappeler, en quelques lignes, l'origine de ces gracieuses figures, d'en définir les qualités, de grouper sur une seule page ce qu'un catalogue doit nécessairement disperser et isoler. Ce sera le moyen de donner à chaque objet son sens et son prix.

Tanagra était une des villes les plus anciennes et les plus puissantes de la Béotie. De bonne heure, elle avait frappé monnaie. Il n'y a pas de numismate qui ne possède une de ces charmantes pièces d'argent, grandes ou petites, à la légende archaïque, ornées d'un bouclier et d'un buste de cheval, ou celle qui a une grappe de raisin pour symbole. Ces types n'ont pas été choisis au hasard. La culture de la vigne et l'élève des chevaux étaient alors les seules sources de richesse pour ce pays stérile, marécageux, désolé par les fièvres.

La cité occupait une des collines de la vallée de l'Asopos. Comme beaucoup de villes anciennes, elle se composait de deux parties : l'acropole, la ville haute, avec les temples, le gymnase, un théâtre creusé dans le flanc escarpé de la montagne; puis la ville proprement dite, qui s'étendait en terrasses jusqu'à la plaine. De nos jours encore, il est facile de suivre les vestiges du mur d'enceinte dans son développement total de trois quarts d'heure.

Deux voyageurs de l'antiquité nous ont fourni des renseignements sur Tanagra. L'auteur anonyme d'un ouvrage dont on a retrouvé quelques fragments dans un manuscrit de la Bibliothèque nationale de Paris, dit que les maisons étaient bâties en briques blanches, que chacune avait une élégante veranda avec des peintures votives faites à l'encaustique. Comme cela rappelle les fresques de Pompéies, ces Lares, ces serpents, ces Génies familiers qu'on y rencontre à chaque pas dans les rues! Et ce témoignage devient d'autant plus précieux qu'il est d'un fin observateur, d'un bon juge en matière de goût. Le même voyageur, qui venait d'admirer les monuments d'Athènes, ne peut s'empêcher de regretter que les maisons particulières de la capitale des arts soient presque toutes chétives et mal disposées à l'intérieur.

Pausanias, qui mesure les choses avec son seul sentiment religieux, approuve les Tanagréens d'avoir séparé de leurs habitations le groupe des temples, la ville sainte, et d'avoir préservé les dieux de toute souillure. Les temples étaient au nombre de cinq. Le premier appartenait à Bacchus et à Thémis, la mère des Saisons; on y voyait une statue de Bacchus, en marbre de Paros, due au ciseau d'un sculpteur célèbre. Le second temple était consacré à Vénus, le troisième à la famille d'Apollon. Mercure avait deux sanctuaires différents, dont la fondation se rattachait intimement à l'histoire de la ville. Un jour que les Érétriens opéraient une descente sur la côte de Béotie, où personne ne s'attendait à cette surprise, le dieu qui présidait aux luttes du gymnase se mit à la tête des jeunes gens et repoussa les envahisseurs à coups de strigile. Une autre fois, il réussit à chasser la peste, en chargeant un bélier sur ses épaules pour le promener autour des murs. La statue de Mercure krio-phore (porteur de bélier) était l'œuvre de Kalamis, le sculpteur que je viens de citer; elle figure sur une mon-naie de cuivre de Tanagra, et nous connaissons une terre cuite, trouvée à Tanagra même, qui reproduit ce type intéressant.

Il faudrait entrer dans bien des détails pour résumer ce que les auteurs classiques nous apprennent sur cette ville. On ne la représente pas comme un centre industriel : elle avait tout au plus quelques fabriques d'armes. Entourée de vignobles, et des plus renommés, elle s'occupait surtout de la production du vin. Pour rester dans la logique, on ne devait donc pas s'attendre à trouver dans la nécropole de Tanagra des trésors artistiques aussi considérables que ceux qu'on y a rencontrés. Mais voilà que les faits viennent démentir ce que les témoins les plus dignes de foi nous affirment, et il faut croire que ce même sol, cette argile fine, blanche, ductile, qui convenait si bien aux plants de vigne, a donné naissance à de grandes manufactures où le génie grec prenait tout son épanouissement. Les terres cuites que nous allons étudier en sont la preuve. Et ce n'est certes pas la sculpture seule qui aura tiré profit des qualités de la terre de Tanagra; toutes les branches de l'art, peinture, sculpture, architecture, y ont trouvé leur magnifique emploi.

Les habitants des rives de l'Asopos passaient pour riches, quoique parcimonieux. Sous la domination ro-maine, ils avaient obtenu leur liberté, et à l'époque des premiers empereurs, alors que Thèbes était déjà en pleine décadence, Tanagra comptait parmi les villes importantes de la Béotie. De tout temps, elle aimait les luttes des athlètes et les combats de coqs. L'oiseau de Tanagra est devenu proverbial. Au gymnase, on montrait une peinture que la ville avait fait exécuter en souvenir de Corinne, sa grande compatriote. Le tableau repré-sentait le poëte dans l'éclat de sa beauté, le front ceint d'une bandelette, comme si elle venait de remporter sa victoire sur Pindare. La critique moderne se méfie de cette victoire. J'ouvre les poésies de Corinne, les rares épaves qui nous en restent, et voici ce qu'elle dit de sa ville natale :

> Je chante des choses délicieuses
> aux femmes de Tanagra, vêtues de tuniques blanches,
> et ma patrie écoute avec plaisir
> ma voix claire et caressante.

C'est aux environs des ruines de l'ancienne cité, près des villages actuels de Pratsi et de Schimatari, que l'on découvrit, pendant l'hiver de 1873, la grande nécropole. On aurait dû la trouver plus tôt, car la carte de l'état-major français indique une série de tombeaux presque au même endroit, et les antiquaires connaissaient de longue date les terres cuites qui en provenaient. Des paysans, labourant leurs champs sur la rive gauche du Laris, mirent au jour un certain nombre de sarcophages en pierre calcaire qui renfermaient des vases et des figurines disposées autour du squelette. Les fouilles n'ont pas discontinué depuis : on a exploré sur une lon-gueur de plusieurs kilomètres les deux bords de la route qui conduisait d'Athènes à Chalcis; un musée vient d'être fondé sur place, et, si rien ne lui échappe, il sera pour les terres cuites ce que le musée de Naples est pour les bronzes.

Ne nous faisons pas d'illusions : il s'agit, pour le moment, de saisir dans leur ensemble les résultats obte-nus, en utilisant les travaux de quelques savants qui ont visité le pays. Ce sera d'ailleurs une tâche non sans difficultés et où il ne faut refuser aucun concours. La quantité même des objets recueillis dans ces fouilles clandestines est inconnue; on ne pourra l'apprécier que plus tard; mais, à en juger par le nombre considérable de statuettes qui nous ont passé sous les yeux, je ne crois pas dépasser la mesure en l'estimant à plusieurs milliers.

Quelles sont ces terres cuites? Qu'est-ce, en réalité, que cette affluence de petits monuments qui surgissent du sol pour instruire nos érudits et confondre nos artistes? En quoi diffèrent-ils des figurines d'Italie, de Sicile, de la Grèce propre, de Crimée, d'Asie Mineure, de Rhodes, de Chypre, de l'isthme de Suez, de la Cyré-

naïque, qui nous paraissaient les chefs-d'œuvre du genre? Quels sont les sujets qu'ils représentent et à quelle époque faut-il les attribuer? Toutes questions qui méritent d'être traitées dans leur développement et que je puis à peine effleurer ici.

On y distingue plusieurs styles; car, avant d'atteindre sa maturité, l'art grec passait par une multitude de phases diverses et obéissait à bien des impulsions. A Tanagra, la période primitive et le beau style se montrent sèuls à leur avantage. La première, éminemment créatrice, vise à la variété des types; elle invente des motifs d'une hardiesse, d'un imprévu, d'une originalité à faire oublier les terres cuites chypriotes. Citons quelques exemples. Voici un esclave et son maître; le maître, enveloppé dans une chlamyde blanche, est assis sur un escabeau peint en jaune; l'esclave, armé de ciseaux, lui coupe les cheveux. Voici une femme portant des grains dans son écuelle (n° 362). Plus loin, c'est un boulanger qui tient une tablette sur ses genoux; les pains ou les gâteaux qu'il vient de pétrir rôtissent devant lui sur un gril; à ses côtés, on voit une cuiller dans un vase rempli de pâte. La physionomie de l'ouvrier, sa barbe pointue, sa peau cuivrée, sa draperie sont traitées avec tout le réalisme de l'ancien style. Il y a là un progrès sensible sur ces idoles primitives où deux poignées, simulant les bras, s'ajustent à un corps en forme de planche ou de gaîne, et où la peinture supplée à l'inexpérience du modeleur. On a trouvé beaucoup de statuettes de ce genre dans les tombes de Tanagra. D'une terre rougeâtre, mal affinée et encore pleine de gravier, elles caractérisent l'art dans son état embryonnaire. Les cheveux, les yeux, la bouche, les colliers, les pendants d'oreilles ne sont marqués qu'à coups de pinceau, en noir ou en rouge; de longues lignes ondulées imitent les plissures de la tunique. On verra dans ce catalogue (n° 432) un exemplaire de facture plus récente, où l'artiste a reproduit une broderie : deux Tritons affrontés et levant les bras.

Quant au style sévère, il ne semble pas avoir laissé à Tanagra d'empreinte aussi profonde. C'est que la nécropole de cette époque de transition n'aura pas été explorée encore. Des bustes estampés (nᵒˢ 438-440), des masques de théâtre (nᵒˢ 426-427), quelques groupes, quelques figures isolées sont antérieurs à l'ère macédonienne. Je citerai la statuette d'un homme barbu, étendu sur son lit de repos et tenant un vase à boire : on dirait un Étrusque couché sur son sarcophage. Un groupe de deux époux, entièrement doré, rappelle mieux encore les tombeaux étrusques du Louvre et du Musée britannique; tant il est vrai que les débuts de l'art, comme les débuts du langage, sont les mêmes partout. Sous ce rapport, il y a plus que de l'affinité entre les peuples de l'ancien monde : il y a consanguinité.

Les masques scéniques ont un caractère de grandeur extraordinaire. Ils appartiennent à la comédie, car ce sont des masques de Silène ou de jeunes Satyres. L'artiste, qui connaît son sujet, évite la ligne sobre; il vise au grotesque, il y excelle; mais, tout en créant des caricatures, il y répand une telle puissance de style, il sait leur communiquer un tel souffle que l'élément comique s'efface. On oublie le théâtre de Bacchus pour ne se rappeler que le dieu qui inspire l'art dramatique.

Les bustes estampés sont de simples appliques, des objets votifs destinés à la décoration d'un sanctuaire. Ils représentent Minerve avec un mascaron de Méduse sur la tunique, le plus souvent une déesse voilée et diadémée, dont les deux mains reposent sur la poitrine, dans l'attitude de la Vénus chypriote. C'est évidemment une déesse-mère. Le motif le plus curieux de cette série, et dont j'ai vu deux exemplaires, est un Bacchus barbu, portant d'une main son canthare, de l'autre un fruit ou une fleur.

J'arrive au beau style, où les heureuses et charmantes qualités des artistes grecs se donnent libre jeu.

Jusqu'à présent, les terres cuites de Tarse et de Tralles avaient occupé le premier rang parmi les produits de la céramique antique. Ne disons pas que leur prestige ait diminué, il est plutôt en voie de grandir. Mais on ne possédait de ces fabriques que des objets frustes, et la nécropole de Tanagra abonde en figurines dont la conservation et la fraîcheur ne laissent rien à désirer. Je m'attacherai à décrire brièvement les principaux types de cette classe, car il n'est pas possible de saisir tout d'une venue et d'analyser avec précision des milliers d'objets qui sont pour l'étude de la terre cuite ce que les grandes découvertes de Vulci ont été pour l'étude des vases peints.

Le nombre des divinités est relativement le plus faible. Sauf de rares exceptions, je n'y distingue que deux familles : le thiase bachique et le cortége de Vénus. Dans le premier, le sujet favori est le vieux Silène avec son outre qu'il porte tantôt sur la tête, tantôt sur les genoux ou les épaules. Une statuette de la collection de M. Hoffmann est la merveille du genre et d'une véritable importance pour l'histoire de l'art. Elle représente Silène debout, la tête penchée en arrière, les lèvres entr'ouvertes, et levant l'outre avec effort jusqu'à hauteur de la bouche. C'est le beau dans sa puissance. Le beau dans sa grâce s'est incorporé dans un essaim de petits Amours, dont rien ne saurait rendre la finesse et l'originalité. Ailés, drapés, nus, couronnés de fleurs, coiffés de chapeaux plats, la tête encapuchonnée, la figure grave ou souriante, ces enfants de Vénus se livrent à toutes sortes de jeux ou d'occupations sérieuses. Ils jouent à la balle, ils font de la musique, ils portent des objets de toilette, soit un miroir ou un éventail, soit une corbeille à ouvrage ou une paire de brodequins. Nous les retrouverons tout à l'heure assistant à la toilette des jeunes filles ou les distrayant de leurs travaux. La plupart de ces figurines sont d'une exiguïté de proportions qui en double le charme. L'éclat des dorures et des couleurs émaillées, encore fraîches et comme sortant des mains du coloriste, ajoute à l'effet. J'ai eu l'occasion de voir quatre séries d'Amours de la fabrique de Tanagra (nᵒˢ 443-459), car on les trouve par groupes de sept ou de huit qui, malgré la diversité des poses, ont leur similitude et leur air de famille; ils se recherchent et se complètent.

La grande majorité des terres cuites représente des femmes, des jeunes filles, des enfants. Pourquoi? C'est un problème qu'il ne convient pas d'aborder avant de connaître exactement l'ensemble de la découverte. Le choix des sujets appartient à l'artiste; il dépend de son genre de talent, de son individualité. Rien de plus curieux d'ailleurs que d'observer la famille grecque chez elle, à son foyer et dans sa vie journalière. Ceux qui désirent connaître l'état de la civilisation à l'époque des premiers successeurs d'Alexandre auront désormais, dans les statuettes de Tanagra, une source nouvelle, la plus vive et la plus directe.

Traversons un moment cette foule de figurines, mais ne nous arrêtons que devant quelques types, car il y a surabondance. Voici un groupe d'enfants. L'un va à l'école; il porte sa lyre au bras ou ses tablettes à la main, ou il s'arrête en route pour ouvrir le diptyque et répéter sa leçon. Ses camarades jouent à la balle ou avec leurs petits chiens. Tel autre se dirige vers la basse-cour pour y chercher son coq de combat, ou se mettre à cheval sur une oie. Là-bas, dans un coin du tableau, un vieil esclave berce le nouveau-né sur ses genoux. Moins turbulentes, les jeunes filles s'occupent surtout de leur toilette. Et avec quelle grâce elles ajustent leur draperie : la tunique aux longues plissures perpendiculaires, le manteau bleu, blanc ou rouge, parfois bordé d'une large zone d'or! Avec quelle élégance elles savent le replier sur la tête, s'en faire un voile lorsqu'elles sortent de la maison, une espèce de yashmak turc, qui cache le visage tout entier pour ne laisser libres que les yeux et les narines! Un des sujets les plus séduisants est la Femme au miroir. Assise sur un banc, dans une pose simple et naturelle, elle porte la main à ses cheveux où il y a quelque boucle rebelle à discipliner, et en même temps elle se regarde dans un de ces disques de bronze dont nos musées ont recueilli un si grand nombre. Parfois, c'est une boîte à miroir qu'elle tient sur ses genoux et dont elle relève le couvercle. Les coiffures aussi varient à l'infini. Colorés de rouge foncé, les cheveux sont nattés, frisés, bouclés, relevés en nœud sur le front ou sur le sommet de la tête, serrés dans une sphendoné ou recouverts d'une bande d'étoffe brodée, comme sur les médaillons de Syracuse. Les petites filles portent un chapeau plat, le pétase, qui a une pointe au centre. Laissez-les grandir, et les diadèmes, les colliers de perles, les pendentifs en or ne leur feront pas défaut. Tout est réuni dans ces admirables figurines : beauté, grâce, imagination, force de style, un sentiment parfait de la réalité, et à côté de cela, nulle trace d'effort, nulle prétention à l'effet; on n'emprunte à la couleur et à la dorure que le strict nécessaire. Le talent de l'artiste est un fleuve qui coule parce qu'il va en pente et qu'il ne peut faire autrement.

Après la toilette, c'est le travail quotidien qui commence. On se met à l'étude, on écrit dans un diptyque, on va chercher de l'eau à la fontaine (n° 413), on prend la quenouille pour filer la laine ou le lin. Une des plus belles statuettes de Tanagra (j'en ai la photographie sous les yeux) représente une jeune femme, assise sur un siége sculpté. Elle tient à la main une baguette entourée d'une pelote de fil rouge. Mais ses pensées sont ailleurs; un petit Amour est monté sur ses genoux, et c'est vers lui qu'elle incline légèrement la tête. Pendant qu'elle l'écoute, que font ses compagnes? Il paraît que l'heure de la récréation a sonné, car les unes courent dans les prés et se baissent sur le gazon pour cueillir des fleurs; d'autres jouent aux osselets, caressent leurs colombes favorites ou vont s'asseoir loin de la foule pour relire une lettre qu'elles savent déjà par cœur. En voilà qui sont assises sur des rochers ou accroupies au pied de quelque idole rustique. Elles ont le front pensif, rêveur, mélancolique, comme si elles songeaient à une image lointaine. Je ne dirai rien de celles qui portent un Amour sur les épaules, ou de ces incomparables groupes de deux femmes dont l'une est portée par l'autre. La diversité des motifs est telle qu'à peine on a le temps de tracer des profils ou d'esquisser une pose pittoresque. Que serait-ce donc si j'entrais dans les questions de doctrine qu'on a soulevées, pour ne pas dire ressuscitées, à propos de ces découvertes?

Les terres cuites de Tanagra sont rarement montées sur des bases; elles reposent sur des plinthes carrées, de peu d'épaisseur. L'artiste les a façonnées au moule, et plusieurs de ces moules viennent en effet d'être retrouvés. Mais les figurines secondaires et les accessoires : bijoux, miroirs, coffrets, éventails en forme de feuilles d'arbres, ont été ajoutés après coup, et il est certain que le sculpteur a retouché son œuvre, quand la terre était encore humide. Après la cuisson, le peintre enduisait les statuettes d'une couche de blanc pour obvier à la porosité de l'argile, puis il appliquait ses couleurs, le blanc, le rouge, le violet, le rose tendre, le jaune, l'incarnat, parfois la dorure, toujours avec un soin qui ne négligeait aucun détail, qui n'oubliait aucun trait. Les lèvres et les pupilles des yeux sont régulièrement indiquées; j'ai vu des éventails à la bordure d'or ou ornés de rosaces. Certaines figures — ce sont les plus précieuses — ont comme un émail, une glaçure vitreuse qui protége le coloris et lui prête une fraîcheur dont on ne saurait se faire une idée. L'école céramique de Tanagra s'y montre comme si elle était notre contemporaine, et dans toute la puissance de ses moyens. Talent fécond, inépuisable; motifs poétiquement choisis, pleins de grâce, d'aisance, de pureté; un sentiment exquis de la forme et de la couleur; jamais rien de sensuel ni d'outré à quelque point de vue qu'on se place.

Je serai forcément incomplet dans cette rapide revue. Mais comment passer sous silence une classe d'objets qui, sans être particulière à la Béotie, s'est considérablement accrue par les fouilles de Tanagra? Je veux parler des vases en forme d'animaux, de têtes humaines, de bustes, de figures en pied, de groupes entiers, bordés de feuilles et décorés d'une profusion de rosaces en relief. Ces vases ont toutes les qualités des statuettes, plus la recherche et le raffinement, ce qui leur assigne encore une place d'honneur, mais légèrement inférieure. Cygnes, chiens, têtes d'Hercule, de Vénus, de Silène; Europe enlevée par le taureau; un enfant, à la chevelure dorée, portant un coq sous le bras et jouant avec son petit chien; d'autres tenant des lièvres, des oiseaux, des grappes de raisin; une Vénus entourée d'Amours; Bacchus enfant assis sur une chèvre; une Ménade jouant du tambourin; un grand masque de Bacchus de l'ancien style, à la barbe bouclée, qui rappelle un bronze célèbre de la collection Pourtalès : voilà les motifs que j'ai pu voir. Là aussi il y a une variété prodigieuse, un goût, une habileté de main qui témoigne d'un art dans sa séve et sa floraison. Décidément les Béotiens ont pris leur revanche. S'il est vrai qu'ils n'avaient ni la même culture d'esprit, ni la même vivacité de tempérament que leurs voisins d'Athènes, la trouvaille de Tanagra rachète bien des insuffisances.

Les anciens mettaient dans le cercueil du mort, et même autour du cercueil, les objets que le vivant avait le plus aimés, qu'il devait se réjouir de retrouver dans la vie future. C'est un fait incontesté, établi par les auteurs classiques. Si les sarcophages de Tanagra ne recèlent que des vases et des terres cuites, cela peut tenir à bien des causes. Les tissus, les coffrets en bois n'ont pas résisté à l'action dissolvante du temps, et les rites funéraires variaient d'une ville à l'autre.

Je m'arrête. J'aurais voulu animer davantage la physionomie de cette grande découverte, mais l'exposé le plus juste et le plus complet ne saurait suppléer à la vue d'une seule terre cuite originale, ni produire les émotions qu'elle fait naître. La collection de M. Albert Barre renferme des figures du premier ordre. On y trouve une grande variété de types, choisis avec discernement, avec un goût d'artiste et de délicat. Nous en avons fait photographier plusieurs (Pl. VIII-XII). La photographie, malheureusement, saisit à peine les contours; elle demeure impuissante lorsqu'il s'agit de rendre l'effet du coloris. Mais c'est déjà quelque chose que de donner une idée générale de ces merveilles.

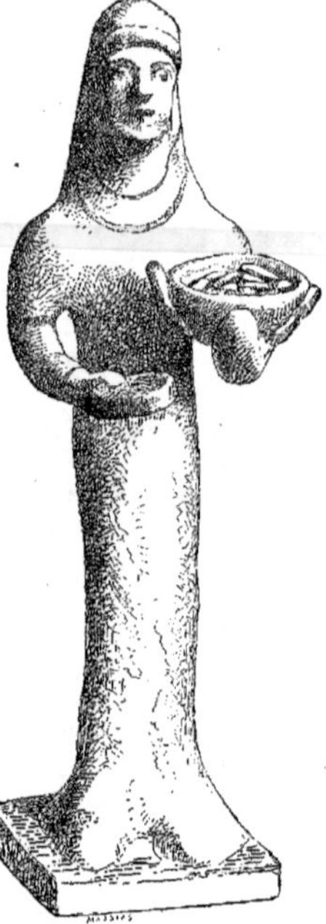

362. Femme drapée, portant à la main dr. avancée un pain ou un gâteau, et au bras g. un vase à deux anses, rempli de grains. Elle est parée d'un collier et de bracelets. Son corps a la forme d'une colonne, évasée vers le bas et livrant passage aux pieds. Le buste est modelé avec une certaine finesse; les lèvres, les bijoux et la bordure de la tunique sont colorés de rouge; la chevelure, très-longue, est peinte en jaune. *Voir la vignette.*

Couleurs appliquées sur un enduit blanc. — H 0,135.

363. Vieille femme assise sur un siége et tenant une petite fille sur ses genoux. Sa draperie, une chiton et un manteau, enveloppe les épaules, les bras et les jambes. Sa tête, défaillante, penche en avant. L'enfant porte une tunique qui laisse le bras droit libre. Un coussin est posé sur le siége.

Enduit blanc; les lèvres sont peintes en rouge. — H 0,105.

364. Petite fille drapée. Son bras g. est abaissé, la main droite tient un pan de l'épibléma.

Socle demi-circulaire. — Cheveux peints en rouge. — H 0,13.

365. Petite fille, portant une guirlande de fleurs à la main g. Elle est parée de boucles d'oreilles, chaussée de souliers jaunes, vêtue d'une longue tunique blanche et d'un épibléma, peint en rose tendre, qui cache le bras dr. abaissé. Le bras g. est replié sur la poitrine, la jambe g. portée en avant. Les cheveux, de couleur rouge foncé (ce qui exclut toute idée de dorure), sont relevés en chignon sur le sommet de la tête..

Les chairs sont de couleur incarnate. — H 0,13.

366. Petite fille, assise sur une pierre oblongue et tenant une bourse à la main dr. Elle est coiffée d'un chapeau plat. La chiton, sans manches, est serrée à la taille, le manteau enroulé autour du bras gauche. L'objet posé sur le genou g. est une de ces tessères, généralement dorées et très-communes à Athènes, qui

Nº 362.

portent en relief une tête de Pallas, de face, coiffée d'un casque à triple aigrette. Elle n'a rien de commun avec la figurine.

Cheveux peints en rouge. — H 0,13.

367. Petite fille assise sur un siége et tenant sur ses genoux un diptyque ouvert. De la main droite elle est censée tenir son *style*.

Coloration bleue (la draperie de l'enfant) et rouge foncé (les lèvres, les cheveux et la cire du diptyque). — H 0,105.

368. Petite fille coiffée d'un chapeau plat avec une pointe au centre. Son bras dr. est replié sur la poitrine, l'autre dissimulé sous la draperie, la jambe dr. légèrement fléchie. L'enfant porte une feuille d'arbre à la main g. et, de l'autre, resserre son épibléma.

H 0,14.

369. Petite fille drapée, appuyée sur une colonnette et portant un canard à la main g. Son bras dr. est posé sur le cippe.

Cheveux peints en rouge foncé. — H 0,14.

370. Petite fille drapée et parée de boucles d'oreilles, les cheveux retenus par un large bandeau. A la main g. abaissée elle porte une bourse, dans l'autre un jouet, probablement une balle suspendue à un cordon en passementerie.

Base circulaire ornée de moulures. Enduit blanc. — H 0,14.

371. Enfant, coiffé d'une couronne palestrique, drapé dans un manteau qui recouvre les deux bras et qu'il retient de la main dr. Dans l'autre, il porte une bourse.

Cheveux peints en rouge foncé. — H 0,125.

372. Enfant, chaussé d'endromides dont les lacets sont peints en rouge, et drapé dans un manteau qu'il relève des deux mains. La chlamyde est agrafée sur l'épaule dr., la jambe dr. portée en avant.

Col. incarnate ; cheveux peints en rouge foncé. — H 0,12.

373. Enfant accroupi, chaussé de souliers rouges et drapé dans un manteau à capuchon de couleur jaune avec bordure rouge.

H 0,08.

374. Enfant nu, coiffé d'un pétase et assis (à g.) sur un rocher, sur lequel il a déployé sa chlamyde. Sa main dr. est posée sur le genou; le bras g., recouvert d'un pan du manteau, s'appuie sur la pierre.

Le nu est peint en rouge et enduit d'émail; la draperie est blanche. — H 0,084.

375. Enfant assis sur un cube, le front ceint d'une couronne palestrique. Il n'est vêtu que d'une chiton courte ; son bras droit est replié sur la poitrine, sa main g. appuyée sur le siége. A ses pieds, un masque scénique, peint en rouge.

Engobe blanche, coloration incarnate ; sur le cube, traces de couleur bleu clair. — H 0,11.

376. Enfant assis de face sur un rocher et s'appuyant contre un tronc d'arbre. Il a les jambes croisées. Coiffé d'un chapeau conique et vêtu d'une chlamyde qui enveloppe le corps jusqu'au menton, il soutient sa tête avec la main g. Son bras droit repose sur la cuisse.

Une couronne de fleurs est suspendue à l'arbre.

Cheveux peints en rouge. — H 0,12.

377. Enfant debout sur un petit chariot (à dr.), attelé d'une chèvre. Il est coiffé d'un bonnet. Sur le bras g. tendu en avant pour tenir les guides, il porte son himation ; le bras dr. est replié sur la poitrine. *Voir la photographie, pl. VIII.*

> Enduit blanc. — H 0,12.

378. Enfant, coiffé d'une couronne palestrique et retenant de la main gauche son manteau qui laisse le haut du corps à découvert. A la droite, abaissée, il porte une lyre peinte en rouge.

> Socle circulaire ; cheveux rouge foncé. — H 0,12.

379. Enfant nu, aux cheveux bouclés, coiffé d'un pétase et assis (à dr.) sur un rocher bleu foncé, où il a déposé son manteau. Son bras g. est abaissé, l'autre replié sur la poitrine.

> Col. incarnate. — H 0,125.

380. Enfant assis de face sur un rocher. Il est chaussé de bottines rouges ; sa tunique, à manches courtes, est recouverte d'un manteau qui dissimule les bras. La main g. est posée sur la jambe dr., le bras g. rapproché de la poitrine.

> Col. incarnate et rouge foncé (les cheveux). L'enfant portait un chapeau, dont le tenon subsiste. — H 0,125.

381. Enfant drapé, le front ceint d'une couronne palestrique. Il relève, en souriant, le manteau dont il est enveloppé. Ses jambes sont serrées l'une contre l'autre, et le pied gauche est légèrement porté en avant.

> Col. rouge (les cheveux et les lèvres), rose tendre (la chlamyde), blanche et noire (les yeux). — H 0,125.

382. Enfant assis de face sur un cube. Il porte sur sa tête une couronne palestrique et à la main droite une grappe de raisin avec des pampres. Ses bras sont nus ; sa tunique, très-courte, s'arrête aux genoux et glisse le long de l'épaule. La main g. s'appuie sur le siége, le bras droit est replié sur la poitrine.

> Coloration incarnate et rouge foncé. — H 0,14.

383. Enfant vêtu d'un manteau blanc à capuchon (la *caracalla*) ; à sa dr., son jeune frère, drapé dans un manteau jaune qui laisse la tête à découvert.

> Base oblongue, blanche avec une ligne rouge. — Col. incarnate, jaune et blanche, à couverte émaillée. — H 0,14.

384. Enfant nu, aux cheveux bouclés, appuyé sur un rocher. Ses jambes sont croisées, car il se repose après le jeu. Sur le bras g. il porte sa chlamyde et à la main g. une balle. L'autre main est posée sur le rocher.

> Coloration incarnate. — H 0,15.

385. Ephèbe nu. Son manteau ne recouvre que le bras g. ; l'autre bras est pendant, et la main dr. tient un bout de la draperie. — Style sévère.

> Ton de chair. La chlamyde et la base sont peintes en jaune d'ocre. — H 0,14.

386. Femme drapée, la tête inclinée vers la dr. dans l'attitude de la douleur, le bras droit nu et pressé contre la poitrine.

> Traces de peinture rouge et bleue. — H 0,078.

387. Jeune femme appuyée sur une colonnette, dans l'attitude de la douleur ou de la mélancolie. Elle a les jambes croisées. Son bras gauche est posé sur le cippe, la main tient un éventail en forme de feuille. L'himation qui encadre la tête masque une partie du visage et ne laisse libre que le bas du front, les yeux et le nez.

> Base ovale. — H 0,12.

388. Jeune fille drapée. Son épibléma laisse le bras et le sein dr. à découvert ; le bras g. est posé sur la hanche.

Col. incarnate ; cheveux peints en rouge. — H 0,13.

389. Jeune fille drapée dans une chiton et un manteau violet qui cache les bras et que la main g. retient sur la poitrine. Elle a la tête baissée. Ses cheveux, peints en rouge foncé, sont noués en chignon et enveloppés d'un foulard ; ses chaussures, de couleur jaune, ont des semelles rouges.

H 0,15.

390. Jeune fille drapée et parée de boucles d'oreilles. Son manteau, pittoresquement ajusté, laisse le bas de la tunique à découvert. Sa tête est tournée de côté, le bras g. appuyé sur la hanche, l'autre replié sur la poitrine, et la main dr. retient l'himation.

Enduit blanc ; cheveux peints en rouge. — H 0,16.

391. Jeune fille drapée. Son himation, ajusté avec le plus grand art, forme voile autour de la tête, cache les deux bras et descend jusqu'aux talons. Elle le retient sur la poitrine.

Le pied dr. est brisé. — H 0,16.

392. Jeune fille drapée dans une chiton blanche à manches courtes et un himation bleu qui recouvre le bras g. posé sur la hanche. L'autre bras est libre et ramené sur la poitrine, où la main dr. retient la draperie.

Cheveux rouge foncé. — H 0,165.

393. Jeune fille assise, de face, sur un rocher et tenant une bourse à la main. Sa tête, coiffée d'un foulard et parée de bijoux, est légèrement tournée de côté. Sur l'épaule dr. on distingue l'agrafe de la tunique. L'himation n'enveloppe que les jambes et se replie par derrière sur l'épaule gauche. Le bras g., à découvert, est appuyé sur le rocher.

Cheveux peints en rouge ; traces de coloration sur la draperie. — H 0,13.

394. Jeune fille drapée et parée de bijoux. Sa main g., cachée sous l'himation, tient un éventail ; l'autre se dégage de la draperie pour la resserrer sur la poitrine. La tête, d'une exécution très-fine, est penchée, le pied gauche porté en avant. Les cheveux sont frisés et relevés en chignon.

Cheveux peints en rouge foncé. Traces de couleur bleue sur la draperie. — H 0,165.

395. Jeune fille drapée et parée de bijoux, les cheveux noués sur le sommet de la tête. Des deux mains, cachées sous la draperie, elle ramasse et relève son himation. La jambe dr. est un peu fléchie.

Enduit blanc. — H 0,17.

396. Jeune fille tenant à la main g. un éventail en forme de pelleron. Son manteau forme voile et recouvre les deux bras, dont l'un est posé sur la hanche. Son regard se dirige en haut.

Traces de coloration. — H 0,18.

397. Jeune fille drapée, se regardant dans un miroir qu'elle tient à la main dr. Le bras droit est nu, l'autre abaissé et caché sous l'épibléma qui n'enveloppe que le milieu du corps.

Enduit blanc ; cheveux peints en rouge. — H 0,185.

398. Jeune fille pittoresquement drapée et parée de bijoux. La tête est un peu inclinée vers la droite ; les bras, l'un pendant, l'autre replié sur la poitrine, sont dissimulés sous le manteau.

Chiton et cheveux peints en rouge. — H 0,19.

8

399. Jeune fille assise (à dr.) sur un rocher et tenant une balle à la main g. Sa pose est d'une grâce et d'une aisance incomparables. Parée de boucles d'oreilles, elle est drapée dans une simple chiton sans manches. Sa main dr. s'appuie sur le rocher, le bras g. est replié.

Col. rouge (les cheveux et la balle) et jaune (la chaussure). — H 0,14.

400. Jeune femme diadémée. L'épibléma descend jusqu'aux genoux, recouvre les deux bras et enveloppe la tête comme d'un capuchon. La main dr. retient la draperie.

Enduit blanc sur le manteau ; traces de couleur bleue sur la tunique. — H 0,19.

401. Jeune femme enveloppée dans un himation qui forme voile autour de la tête. Son bras dr., dissimulé sous la draperie, s'appuie sur l'avant-bras g. qui est à découvert et replié sur le corps. La tête est légèrement tournée de côté.

H 0,19.

402. Jeune fille drapée et parée de pendentifs. Sa tête est légèrement tournée de côté. L'himation cache les deux bras et ne laisse à découvert que la main droite. Le bras g. s'appuie sur la hanche ; l'autre, rapproché du corps, sert à maintenir la draperie. Les cheveux descendent en boucles le long du cou, mais une natte est disposée en couronne autour de l'occiput.

Engobe blanche ; cheveux peints en rouge foncé. — H 0,19.

403. Jeune fille assise (à g.) sur un rocher, la tête légèrement inclinée. Son manteau recouvre l'épaule et le bras g., et enveloppe le bas du corps. La main dr. est posée sur le genou, l'autre s'appuie sur le siége. Charmante figurine, pleine de grâce et de naturel.

Base ovale, ornée de moulures. — H 0,17.

404. Jeune fille, parée de bijoux, drapée dans une chiton bleue et un himation rouge, et chaussée de souliers jaunes à semelles rouges. Le bras g. abaissé, et l'autre, levé à la hauteur du menton, sont cachés sous la draperie. La tête est légèrement tournée de côté. Un foulard recouvre les cheveux, peints en rouge foncé et noués en chignon.
Charmante figurine, du plus beau style et d'une exécution des plus délicates.

Col. rouge (les lèvres) et bleue (les yeux). — H 0,20.

405. Jeune fille drapée et parée de pendants d'oreilles, les cheveux relevés en chignon, les bras cachés sous l'himation. Sa jambe dr. est portée en arrière, le bras dr. appuyé sur la hanche.

Col. incarnate, bleue (la draperie) et rouge (les cheveux et les semelles des souliers). — H 0,205.

406. Jeune femme drapée et parée de bijoux, portant à la main dr. abaissée un éventail en forme de feuille. Ses deux bras sont cachés sous un épibléma formant voile ; la main g. s'appuie sur la hanche. La chevelure est entourée d'un foulard, la tête légèrement tournée de côté. *Voir la photographie, pl.* IX. Très-jolie figurine ; le visage surtout est d'une exécution admirable.

Ton de chair ; cheveux rouge foncé ; enduit blanc sur la draperie. — H 0,21.

407. Femme, parée d'un collier et d'un double bracelet, drapée dans une chiton bleue à manches courtes et un himation. Ses pieds sont chaussées de sandales. Le bras g. s'appuie sur la hanche, la main dr. levée déploie le manteau qui ne recouvre que le bras g. et le bas du corps et forme voile autour de la tête.

Les cheveux, les lèvres et les bijoux sont peints en rouge. — H 0,21.

408. Jeune fille drapée, appuyée sur une colonnette. Son bras g. est ramené sur la poitrine, sa main dr. posée sur le cippe.

Engobe blanche ; cheveux peints en rouge. — H 0,23.

409. Jeune fille aux cheveux bouclés, portant à la main g. une grappe de raisin, peinte en jaune, et dans un pli de sa tunique des fruits et des feuilles. La tunique, sans manches, est échancrée sur la poitrine.

Coloration incarnate, bleue (la draperie), jaune, verte et rouge (les cheveux, les semelles de la chaussure, etc.). — H 0,25.

410. Jeune fille drapée. L'himation que la main dr. rassemble et retient sur la poitrine est ajusté avec le plus grand art. Les cheveux sont noués sur la nuque.

H 0,25.

411. Grande figurine de femme drapée. Son manteau, peint en rose tendre et ajusté avec un art infini, forme voile autour de la tête et cache les deux bras. Le bras dr. s'appuie sur la hanche, l'autre est replié sur la poitrine. La main g. tient un éventail en forme de feuille, la droite se dégage de l'himation pour mieux le resserrer. Gracieusement inclinée sur l'épaule, la tête de cette figurine est d'une rare beauté ; la noblesse des traits et le fini de l'exécution en font un des chefs-d'œuvre de l'école de Tanagra. *Voir la photographie, pl.* **X.**

Cheveux peints en rouge; plinthe moderne. — II 0,28.

412. Jeune fille coiffée d'un chapeau plat et enveloppée d'une chiton bleue que recouvre un épibléma peint en rouge. Le manteau forme voile et cache les deux bras, dont l'un soulève la draperie tandis que l'autre reste abaissé. Quant au chapeau, qui ne porte que des traces de coloration rouge, il est orné de cercles concentriques, en relief, avec une pointe au centre.

Les cheveux, les lèvres et les yeux sont également colorés. — H 0,29.

413. Jeune fille accroupie, cherchant à soulever une élégante amphore qu'elle presse contre son genou. Elle est vêtue d'une chiton qui glisse le long du bras dr. et laisse la gorge à découvert. L'épibléma n'enveloppe que les jambes et se replie sur l'épaule gauche. La tête, parée de boucles d'oreilles, est penchée vers l'amphore, et la main g. repose sur la cuisse.

Cette figurine, d'une grâce achevée, compte parmi les plus belles terres cuites qui soient sorties de fouilles de Tanagra.

Voir la photographie, pl. XI.

Les cheveux sont peints en jaune. Les anses de l'amphore sont brisées. — H 0,088.

414. Jeune fille assise (à g.) sur un rocher peint en bleu foncé, la tête légèrement inclinée vers la droite. Sa tunique, à manches courtes, glisse le long de l'épaule et laisse les bras avec le haut de la poitrine à découvert. Les jambes et l'avant-bras g. sont enveloppés d'un himation bleu de ciel, ajusté avec un art inimitable. Le bras dr. s'appuie sur le siége.

Elle porte des pendentifs dorés. Ses cheveux, colorés de rouge et noués en chignon, sont entourés d'une bande d'étoffe. Deux petits fils d'or, l'un muni d'un crochet qui passe dans l'oreillette de l'autre, sont fixés dans la bordure supérieure du manteau.

La photographie (pl. XII) ne donne qu'une idée bien faible de cette ravissante figurine, de sa pose gracieuse, de la beauté du visage, du fini de l'exécution. L'émail des couleurs, encore aujourd'hui d'une incomparable fraîcheur, ajoute à l'effet de l'ensemble.

Ton de chair; les semelles des chaussures sont peintes en rouge. — H 0,16.

415. Vieille femme aux traits grotesques et de forte corpulence. Sa draperie se compose d'une longue tunique et d'un himation formant voile. Le bras g., dissimulé sous l'étoffe, est posé sur la hanche ; la main dr. resserre le voile au-dessous du menton.

> Base circulaire. Cheveux peints en rouge foncé. — H 0,085.

416. Masque grotesque d'un vieillard au front osseux, aux yeux enfoncés dans leur orbite, aux grandes oreilles plates, aux joues flasques et à longue barbe blanche.

> Peint. rouge et blanche. Deux trous à suspension. — H 0,105.

417. Acteur comique, les bras dissimulés sous une chiton courte.

> Coloration rouge foncé et rose tendre. — H 0,105.

418. Acteur comique, assis de face, sur un autel. Ses jambes sont posées l'une sur l'autre ; la main dr. s'appuie sur le genou g., l'autre sur le poignet dr.

> Le masque est peint en rouge et l'autel orné de moulures. — H 0,105.

419. Acteur portant un *pedum* à la main dr. Il est drapé dans un manteau de couleur violette, bordé de franges. Son costume laisse à découvert le haut du buste, le bras dr. et les jambes. Le bras g. est replié sur la poitrine.

> Coloration rouge foncé ; le *pedum* est peint en jaune. — H 0,12.

420. Acteur comique dans le rôle d'un esclave portant un enfant dans ses bras. Son costume laisse le bras dr. à découvert ; sa tête est inclinée vers l'épaule droite. L'enfant, coiffé d'un *pilos*, est enveloppé dans un manteau qui descend jusqu'à terre.

> Engobe blanche ; coloration incarnate. — H 0,15.

421. Acteur comique, au ventre proéminent, portant sur la tête une hydrie peinte en bleu. Il a une longue barbe, taillée en forme de coin ; son manteau qui lui sert de voile laisse les jambes à découvert. Le bras g. est appuyé sur la hanche.

> Masque peint en couleur incarnate. — H 0,09.

422. Acteur comique assis, de face, sur un cube. Son bras dr. s'appuie sur la hanche ; la main dr. est posée sur la bouche. Il est vêtu d'un manteau court, peint en noir. Les bras et les jambes étaient probablement couverts de manches collantes et d'anaxyridas.

> Coloration incarnate et rouge foncé (les cheveux). Traces de couleur noire sur la pierre cubique. — H 0,084.

423. Acteur comique (on distingue l'*onkos* de son masque) dans le rôle d'une vieille femme au ventre proéminent. Drapé dans une chiton jaune et un himation formant voile, il porte la main dr. à la bouche ; de l'autre, il tient une pomme (?).

> H 0,095.

424. Acteur comique assis, de face, sur une pierre cubique. Son costume laisse à découvert les jambes et le bras dr., à moins qu'il ne porte des anaxyrides collantes et une chiton à manches longues. Le bras dr. est appuyé sur le siége.

> Col. incarnate, rouge foncé (les cheveux) et bleue (le manteau). — H 0,11.

425. Acteur dans le rôle de Silène ivre. Coiffé d'une espèce de calathus, il monte un mulet ithyphallique (à dr.). Sa tête est penchée sur l'épaule dr.; sa tunique, peinte en blanc avec des raies rouges et noires, laisse à découvert le bras dr. et les jambes. La bride du mulet est indiquée à coups de pinceau. *Voir la photographie, pl.* VIII.

Coloration incarnate, rouge et noire. — H 0,12.

426. Masque théâtral de Silène, au front dénudé, à la barbe blanche et aux oreilles de cheval. Cette terre cuite, d'un grand caractère, est contemporaine de la Comédie ancienne.

Peinture rouge et bleue ; la barbe, les sourcils et les cheveux sont blancs. — Trou à suspension. — H 0,082.

427. Masque théâtral de Satyre.

Coloration incarnate, vermeille (les lèvres) et rouge foncé (les cheveux). — H 0,09.

428. Masque de l'ancien style, les cheveux disposés en boucles symétriques, la barbe frisée et taillée en forme de coin.

Coloration incarnate, vermeille (les lèvres), jaune (cheveux, barbe, moustaches) et noire (les sourcils et les contours des yeux).— H 0,085.

429. Masque comique, au front ridé, aux yeux ronds et à fleur de tête.

Coloration rouge. Deux trous à suspension. — H 0,10.

430. Petit masque comique, lippu, à la bouche grimaçante, aux oreilles énormes. Il est coiffé d'une espèce de calathus s'évasant vers le haut; on dirait une caricature du dieu Bes.

Coloration incarnate, noire (les yeux) et rouge foncé (les cheveux et les lèvres). — H 0,057.

431. Masque tragique, le front entouré d'un bandeau dont les extrémités descendent le long des joues.

Coloration rouge; blanc et bleu (les yeux), bleu et rose (le bandeau). Deux trous à suspension. — H 0,09.

432. Idole en forme de planche (σανίς), représentant une déesse du style le plus ancien. Son calathus est orné d'une couronne de feuilles ses cheveux sont noués en volute au-dessus du front et retombent en nattes sur le dos et la poitrine. Le visage est rudimentairement ébauché; un disque ou une grande bulle forme le centre du collier. Quelques lignes ondulées, tracées le long du corps, imitent les plis de la tunique. Deux appendices arrondis remplacent les bras, et sur le pectoral on voit deux Tritons barbus, affrontés et levant les bras. Je ne sais si ce sujet se rattache à la légende tanagréenne dont parle Pausanias.

La planche s'élargit vers le bas pour tenir debout, et cette base est divisée en plusieurs compartiments, ornés chacun d'un globule. *Voir la vignette.*

Imitation de l'ancien style.

Terre rougeâtre, peinture noire. — H 0,15.

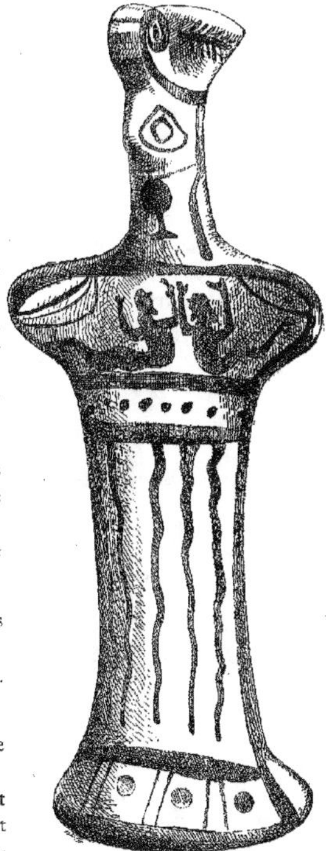

N° 432.

433. Femme drapée, assise sur un petit siége et tenant sur ses genoux un enfant nu qui tend les bras vers sa mère. Elle est vêtue d'une chiton jaune à manches courtes, parée d'un collier et chaussée de souliers rouges. Style primitif.

> Le visage de la femme, ainsi que son siége, sont enduits de blanc ; le collier est rouge. — H 0,12ʒ.

434. Déesse de l'ancien style, voilée et assise sur un trône. Ses jambes sont serrées l'une contre l'autre, les bras collés au corps, les mains posées sur les genoux.

> Coloration rouge et jaune. — H 0,10.

435. Déesse voilée, assise sur un trône, dans l'attitude des figures hiératiques, les pieds posés sur un tabouret. Sa tunique est peinte en pourpre ; les seins sont indiqués au moyen de deux rosaces blanches. — Ancien style.

> Engobe blanche. — H 0,10ʒ.

436. Déesse drapée, de l'ancien style attique. Elle est coiffée d'un kalathos et semble tenir une fleur entre le pouce et l'index de la main dr. Le bras dr. est replié sur la poitrine, l'autre pendant, et la main g. relève légèrement la tunique.

> Revers plat. — H 0,14ʒ.

437. Déesse voilée et diadémée, assise sur un trône dont les montants sont ornés de palmettes. Sa pose, sa coiffure et son costume rappellent les figures hiératiques. Ses pieds s'appuient sur un tabouret. Imitation de l'ancien style.

> Les palmettes sont peintes en noir et en rouge ; les lèvres, la stéphané, le haut du manteau et sa bordure sont colorés de rouge. — Le dossier du siége est endommagé. — H 0,18.

438. Grand buste estampé d'une jeune déesse voilée, coiffée d'un diadème et parée de pendants d'oreilles. Elle a le sein nu, et ses cheveux retombent sur les épaules.

> Les lèvres sont peintes en rouge, les cheveux colorés de noir. Dans le haut, deux trous à suspension. — H 0,28.

439. Grand buste estampé d'une jeune déesse drapée, voilée et parée de pendants d'oreilles. Les deux mains, posées symétriquement, se dégagent du manteau pour le rajuster sur la gorge. C'est le geste, bien connu, de l'αἰδώς.

> H 0,ʒo.

440. Masque d'une jeune déesse aux cheveux ondulés, le front surmonté d'une grande stéphané.

> Coloration rouge (les chairs), bleue (le diadème), rouge foncé (la chevelure) et noire (les yeux). Dans le haut, un trou à suspension. — H 0,09ʒ.

441. Jeune fille (Koré?) drapée et voilée, portant au bras g. un grand flambeau allumé et à la dr. abaissée une pomme.

> Enduit blanc. — H 0,1ʒʒ.

442. Vénus nue, agenouillée (?) sur une base conique qui simule les flots de la mer. Elle a les deux bras levés et semble sortir d'une coquille bivalve. Ses cheveux, peints en rouge foncé, sont entourés d'un bandeau doré, décoré de perles.

> Ton de chair ; la base est peinte en bleu, les lèvres de la déesse et l'intérieur du *pecten* sont rouges. — H 0,12ʒ.

443-449. *Groupe de sept petits Amours,*

vêtus de chlamydes et couronnés de fleurs et de fruits. La tête souriante, ils portent, l'un une patère, l'autre un coffret de toilette, ou se livrent à quelque jeu de leur âge. L'esprit de l'invention, la grâce et la variété des poses, le fini du modelé, l'éclat des couleurs et des dorures leur prêtent un charme inexprimable. On assure qu'ils ont été trouvés avec la Vénus sortant d'une coquille (n° 442), dont ils auraient formé le cortège. Chaque figurine est percée d'un trou à suspension et montée sur une plinthe carrée. Leurs ailes sont peintes en bleu, les cheveux en rouge foncé; le nu est coloré d'un ton de chair.

443. Amour aux cheveux bouclés, vêtu d'un manteau bleu qui cache les deux bras et laisse la poitrine et les jambes à découvert. Il marche d'un pas rapide, la tête légèrement penchée, la jambe g. portée en avant. Son bras dr. s'appuie sur la hanche; à la main (?) g. il tient un coffret muni de son couvercle.

H 0,073.

444. Amour tenant à la main dr. avancée une patère avec une rosace en relief. Son bras g. est levé, la jambe g. portée en avant. Un manteau bleu, disposé en écharpe, est noué autour des reins. La couronne de fleurs rouges qu'il porte sur le front est entrelacée d'un ruban d'or.

H 0,074.

445. Amour nu, portant la main dr. à la bouche. Il marche, le corps penché en avant, comme s'il cherchait quelque chose. Sa chlamyde est repliée autour du bras g., sa couronne de feuilles et de fleurs est peinte en rouge et en bleu.

H 0,065.

446. Amour, drapé dans un manteau court qui cache les bras en laissant les jambes et une partie du torse à découvert. Son bras g. est abaissé, l'autre levé à la hauteur du menton, la jambe dr. portée en avant. L'enfant penche la tête légèrement en arrière et vers l'épaule gauche.

H 0,064.

447. Amour en marche, la jambe dr. portée en avant. Il est vêtu d'une chlamyde peinte en rose tendre et qui laisse les jambes à découvert. Sa main dr. saisit un pan de la draperie. La couronne de fleurs rouges qui ceint son front est entrelacée d'un ruban bleu.

H 0,070.

448. Amour coiffé d'un pétase à fronteau triangulaire et percé de deux œillères. Il a les bras cachés sous une chlamyde bleue, la jambe gauche en avant, la tête légèrement tournée de côté.

Traces de dorure sur le chapeau. — H 0,080.

449. Amour, la tête encapuchonnée dans une chlamyde rose tendre. Sa tête est tournée à dr., la jambe gauche portée en avant.

H 0,074.

450-457. *Groupe de huit Amours,*

semblables aux précédents. Leurs ailes, leurs couronnes et leurs chlamydes, pliées en écharpe, sont dorées; les cheveux peints en rouge, les lèvres en rouge purpurin; le nu a un ton de chair de la nuance la plus délicate.

450. Amour jouant de la flûte. Son manteau est noué autour des reins, son pied g. porté en avant. L'anche de la flûte est encore adhérente à la bouche de l'enfant, mais le tube et une partie des mains sont brisées. *Voir la photographie, pl.* XI.

       H 0,078.

451. Amour jouant des cymbales. Il marche, la jambe g. en avant; sa tête est légèrement inclinée vers l'épaule gauche. Les cymbales sont dorées. *Voir la photographie, pl.* XI.

       H 0,078.

452. Amour tenant une balle à la main dr. abaissée. Il porte sur la tête une couronne en torsade. Sa chlamyde, nouée autour des reins, se replie sur l'épaule dr. Le bras g., étendu sous la draperie, fait un geste comme s'il avait un coup à parer. La tête est tournée de côté, la jambe gauche portée en avant.

       H 0,071.

453. Amour sphériste, les deux bras levés en l'air, la tête tournée vers la dr., la jambe g. en avant.

       La main g. manque. — H 0,071.

454. Amour marchant d'une allure rapide, la tête baissée, la jambe g. en avant, les bras pendants mais écartés du corps. Son écharpe passe sur l'épaule g.

       H 0,072.

455. Amour portant sa chlamyde repliée sur l'épaule. Il s'avance, la tête tournée de côté, les deux bras étendus parallèlement.

       H 0,074.

456. Amour couronné d'un bandeau doré, dont les deux bouts retombent sur les épaules. Sa chlamyde est nouée autour des reins, son bras g. avancé, l'autre pendant et porté en arrière.

       L'aile g. manque. — H 0,070.

457. Amour dans la même attitude, la tête légèrement penchée.

       H 0,072.

458. Amour jouant au ballon. Il a les deux bras levés, le corps penché en arrière; sa tête, couronnée de feuilles et de fruits dorés, s'incline vers l'épaule g. Sa chlamyde, en écharpe, passe sous le bras g. pour se replier sur l'épaule droite. *Voir la photographie, pl.* XII.

       Dorure sur l'écharpe, les ailes et la couronne. — Ton de chair; cheveux rouge foncé. — H 0,084.

459. Amour, couronné de feuilles et de fruits dorés, la tête inclinée, le bras dr. levé, l'autre abaissé. Sa jambe
g. est portée en avant, son manteau plié en écharpe. *Voir la photographie pl. XII.*

Dorure sur les ailes, la couronne et l'écharpe. — Ton de chair ; cheveux rouge foncé. — H 0,085.

460. Amour ailé, portant au bras g. un flambeau renversé. Il incline légèrement la tête. Sa jambe g. s'appuie
sur un objet indistinct, son manteau est replié autour du bras dr.

Enduit blanc. Traits du visage effacés. — H 0,11.

461. Silène ithyphallique accroupi.

H 0,07.

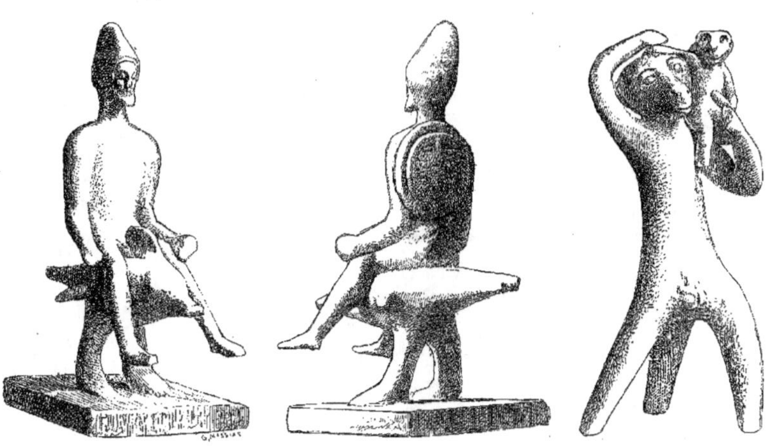

N° 462.   N° 464.

462. Homme nu, à la barbe cunéiforme, coiffé d'un casque et assis sur un dauphin. Il porte sur le dos un
bouclier circulaire ; ses bras sont rapprochés du corps, car il est censé tenir la bride de sa monture.
Le casque ressemble à un *pilos.* — *Voir les deux vignettes.*
Je crains que la légende de Taras et de Phalanthos ne suffise pas pour expliquer ce sujet éminemment
curieux. Il semble cependant hors de doute qu'on a voulu représenter le fondateur de quelque colonie
grecque de la Méditerranée.
Style très-archaïque.

Plinthe carrée, sur laquelle le dauphin est fixé au moyen de deux pattes. — Enduit blanc. — H 0,095.

463. Sphinx femelle assis, aux ailes recroquevillées, le front entouré d'un large bandeau. Ses jambes de devant
sont presque sur la même ligne que les jambes de derrière. — Ancien style.

Traces de couleur bleue ; les cheveux sont peints en rouge foncé. — H 0,165.

464. Singe portant son petit sur l'épaule. *Voir la vignette.*

Sa tête est peinte en rouge, les yeux sont colorés de blanc. — H 0,095.

9

465. Taureau blanc à raies rouges. Les sabots sont peints en noir; le fanon en rouge et en jaune; les yeux, les oreilles, la nuque, etc., en rouge.

H 0,056.

466. Chèvre. Les cornes sont peintes en rouge.

H 0,07.

II. — THESPIES

467. Déesse de l'ancien style, assise sur un trône carré à dossier peu élevé, les pieds appuyés sur un escabeau, les mains symétriquement posées sur les genoux. Elle est vêtue d'une chiton à manches courtes que recouvre un diploïdion attique. Ses cheveux sont bouclés et noués en chignon sur le sommet de la tête.

Enduit blanc. — H 0,225.

468. Joueur de lyre, debout, dans une attitude hiératique. Il porte la χελώνη à la main g., dans l'autre il est censé tenir le plectrum. Son manteau laisse à découvert le bras dr. avec l'épaule et une partie de la poitrine. Les jambes sont serrées l'une contre l'autre, mais le pied g. est légèrement porté en avant. *Voir la vignette.*

Il est probable que cette figurine, de style très-ancien, représente un dieu plutôt qu'un mortel. On pense involontairement à Apollon lyricine.

H 0,20.

469. Amour à cheval sur un dauphin et portant une pomme à la main droite. Sa chlamyde, jetée sur l'épaule, ne recouvre que le bras g. qui s'appuie sur le flanc, un peu au-dessus de la hanche. Le bras dr. est levé; les cheveux, peints en rouge et noués en krobylos, retombent en longues boucles sur les épaules.

Le dauphin a pour base un cône ressemblant à une pomme de pin; mais le devant seul est garni d'écailles. *Voir la photographie pl. VIII.*

Enduit blanc. Les ailes manquent. — H 0,19.

N° 168.

470. Acteur comique dans le rôle d'Hercule. Les formes trapues du héros et sa corpulence sont imitées avec

beaucoup d'esprit. Il porte une couronne sur la tête, une massue au bras dr. abaissé, et la peau de lion, peinte en jaune, est jetée sur son bras g.

Col. rouge. — H 0,085.

471. Petite-fille aux cheveux bouclés, portant un lapin sur le bras g. Sa draperie se compose d'une chiton et d'un épibléma. La chiton, très-courte, laisse les jambes, le bras dr. et l'épaule g. à découvert; le manteau, disposé en écharpe, retombe sur le bras g. Elle semble donner à manger à son favori.

Les chairs sont peintes en rouge. — H 0,175.

472. Femme à demi nue, modelée par un sculpteur réaliste. Elle tient une patère sous sa mamelle g., en même temps que, du bras dr., elle fait un geste de surprise. Sa draperie n'enveloppe que les jambes; tout le haut du corps reste intentionnellement à découvert. La tête est tournée de côté.

Base circulaire. — H 0,13.

473. Jeune fille drapée, parée de bijoux, la tête inclinée vers la droite. A la main g. elle porte un éventail en forme de feuille; la droite, cachée sous le manteau et ramenée sur la poitrine, retient la draperie. C'est une des plus belles figurines qu'on ait trouvées à Thisbé. *Voir la photographie pl.* IX.

Col. bleue (l'himation) et rouge (les cheveux). — H 0,20.

474. Jeune femme dans le costume des femmes de l'Attique. La main g., abaissée, relève légèrement la draperie; l'autre est ramenée vers le sein, la jambe g. portée en avant. — Style sévère.

Enduit blanc; base peinte en jaune. — H 0,23.

475. Jeune femme drapée, couronnée de feuilles et de fruits (avec traces de dorure), la tête légèrement tournée vers la g. Le bras dr., pendant, reste caché sous l'épibléma; l'autre, également abaissé, est à découvert. A la main g. elle porte un masque scénique aux traits satyresques. *Voir la photographie pl.* IX.

H 0,26.

III. — HALAE D'OPONTE

476. Homme drapé, assis sur un rocher, le menton dans la main, le coude g. appuyé sur la cuisse. Il a les cheveux courts, le front ridé et l'attitude d'un penseur.

Le pied g. est brisé. — H 0,11.

IV. — AULIS (Retzona)

477. Jeune fille drapée et parée de bijoux. Ses cheveux sont frisés et relevés en chignon sur le sommet de la tête; les bras, l'un pendant, l'autre replié vers l'épaule g., restent cachés sous l'himation.

Base circulaire. — Engobe blanche. — H 0,29.

V. — PAGAE (dans l'Attique)

478. Jeune fille debout, les jambes croisées, à côté d'un cippe vers lequel elle tourne légèrement la tête. Sa chiton laisse le sein dr. à découvert; sa main g. est posée sur la hanche, de l'autre elle déploie son himation.

Col. bleue (le manteau) et rouge foncé (les cheveux). — H 0,22.

VI. — MEGARA

479. Amour ailé, monté sur une chèvre dont il tient la bride. Il est coiffé d'un pétase; son manteau, agrafé sur l'épaule, laisse le flanc dr. à découvert. La chèvre porte une chabraque.
Couleurs parfaitement conservées.

Coloration incarnate, rose tendre (la chlamyde), bleue (les ailes), jaune (la chèvre), noire (le fond) et rouge foncé. (les cheveux de l'Amour, le bord et le bouton de son chapeau ; les cornes, les oreilles, la bride de sa monture, enfin la bordure de la chabraque). — H 0,16.

VII. — HERMIONE D'ARGOLIDE

480. Caricature d'un vieux lutteur, nu, chauve, aux oreilles difformes. Sa jambe g. est portée en avant; les bras tendus, il semble défier son adversaire.

H 0,145.

VIII. — ILE DE CRÈTE

481. Amour ailé et couronné, portant au bras g. une amphore à vin, pointue par le bas, et à la main gauche levée une patère. Il marche d'un pas rapide. Son manteau, rejeté sur l'épaule et couvrant la poitrine et le bras g., forme voile autour de la tête. *Voir la vignette.*

Le visage est coloré.—Trou à suspension.—H 0,14.

IX. — TARSE

482. Tête d'Hercule imberbe, couronnée de feuilles et légèrement inclinée sur l'épaule dr. dans une attitude de douleur ou de fatigue. Beau style.

Terre brun clair. — Fouilles de 1853. — H 0,046.

483. Tête de jeune femme, parée de pendants d'oreilles et coiffée d'un calathus élevé.

Fragment de figurine du plus beau style.—H 0,04.

484. Tête de femme, couronnée de feuillage et coiffée d'un calathus élevé qui a conservé des traces de dorure.

Fragment de figurine. — H 0,066.

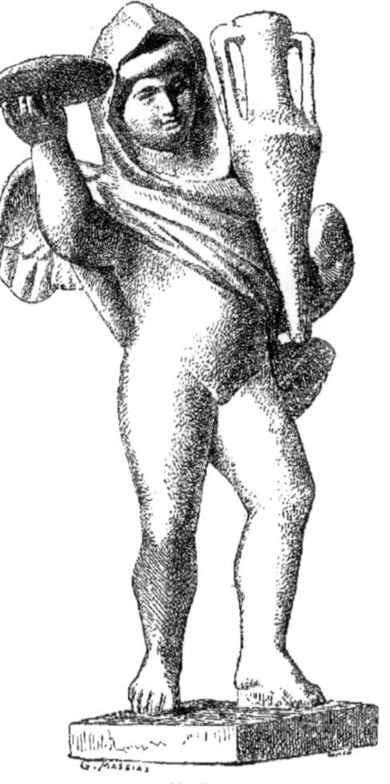

N° 481.

485. Charmante tête d'enfant, aux cheveux bouclés, couronnée d'un *pschent* et de feuilles d'arbre. Beau style.

Fragment de figurine, tr. en 1852. — H 0,05.

X. — GRANDE-GRÈCE

486. Jeune déesse diadémée, assise sur un trône dans une attitude hiératique, les deux mains posées sur les cuisses. Elle est parée d'un collier et de boucles d'oreilles; sa draperie se compose d'une chiton finement plissée et d'un épibléma passant sur l'épaule g. — Imitation de l'ancien style. — Trouvée à Capoue.

Le pied g. est brisé. — H 0,18.
Vente Castellani, n° 251.

487. Jeune fille drapée dans une tunique talaire et un manteau formant voile. Son bras dr. est appuyé sur la hanche.

H 0,18.

488. Hippocampe de l'ancien style. Terre cuite découpée.

H 0,098. L 0,155.

MÉLANGES

489. Petite coupe en pâte vert de mer. Superbe irisation métallique (bleu et or).

 Tr. à Rome. — H 0,030. D 0,063.

490. Charmante petite coupe en verre opaque multicolore, imitant la brèche. Mouchetures vertes, rouges, jaunes et blanches sur un fond brun.

 C'est un pied de vase, transformé en coupe. Tr. à Rome en 1874. — D 0,079.

491. Fragment d'une coupe cotelée, en pâte opaque multicolore, imitant la brèche. Veines blanches et violacées sur un fond brun.

 D 0,097.

492. Masque d'acteur comique.

 Pâte vitreuse verdâtre. D 0,033.

493. Mascaron de lion.

 Fragment d'anse de vase en pâte vitreuse noire. — H 0,06.

494. Cylindre en pierre tendre, avec un rameau de lierre et de corymbes gravé en creux. Dans l'antiquité, les potiers se servaient de ces rouleaux pour imprimer des ornements en relief sur les vases.

 H 0,035. D 0,037.

495. Vase de bronze à anse surélevée et terminée par un mascaron de Bacchante couronnée de feuilles.

 Vente Castellani n° 283. — H totale 0,14.

496. Lécythe de bronze, à panse piriforme surmontée d'un goulot en forme d'entonnoir. L'anse, très-gracieuse, se compose de trois feuilles de roseau entrelacées.

 Vente Castellani n° 288. — H totale 0,14.

497. Petit bas-relief égyptien en basalte noir, représentant trois Osiris de face et juxtaposés. Ils sont coiffés de l'*atew* et portent le sceptre et le fléau.

 H 0,085. L 0,070.

498. Œil en cristal de roche, enchâssé dans un cercle de bronze. — Égypte.

499. Scarabées égyptiens et figurines en terre émaillée.

500. Hache en silex, emmanchée dans une corne de cerf. Trouvée dans le lac de Neufchâtel (Suisse).

501. Grande hache en silex, trouvée au Blanc (Indre).
     L 0,26.

502. Autre, trouvée à Corbeil (Seine-et-Oise).
     L 0,16.

503. Hache en obsidienne verte, trouvée en 1869 à Signet (Seine-et-Marne).
     L 0,20.

504. Quatre haches en bronze, de formes et dimensions variées.

505. Petit vase apode en forme de gland, muni d'une anse plate et surélevée. Stries gravées à la pointe. Fabrique gauloise.
     Terre brune. Trouvé à Paris, dans les fouilles de l'Hôtel-Dieu (Cité), 1866. — H 0,11.

---

506. Grande vitrine en bois noir; 3 portes, 4 rayons et plusieurs supports.
     H 2,40. L. 2,55. Profondeur 0,50.

507. Grande vitrine, en bois noir; porte à deux battants, 4 rayons et plusieurs supports.
     H 2,40. L. 1,75. Prof. 0,40.

508. Vitrine supportée par 2 colonnettes, en bois noir; porte à deux battants, 4 rayons.
     H 2,00. L 1,10. Prof. 0,55.

509. Petite vitrine supportée par 2 colonnettes, en bois noir; 6 rayons.
     H 2,00. L 0,55. Prof. 0,30.

510. Le pendant du n° précédent.

511. Vitrine plate, supportée par quatre colonnettes en bois noir et munie de deux tiroirs. La cage, montée en acier, se relève comme un couvercle.
     H 1,00. L 1,40. Prof. 0,90.

Paris. — Imp. PILLET et DUMOULIN, rue des Grands-Augustins, 5.

COUPE CHYPRIOTE.

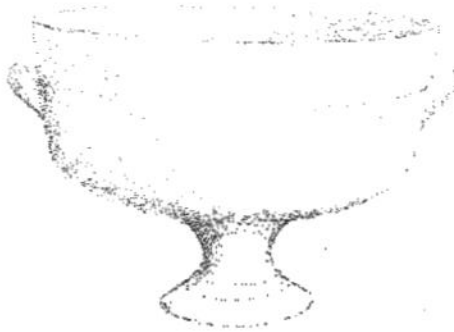

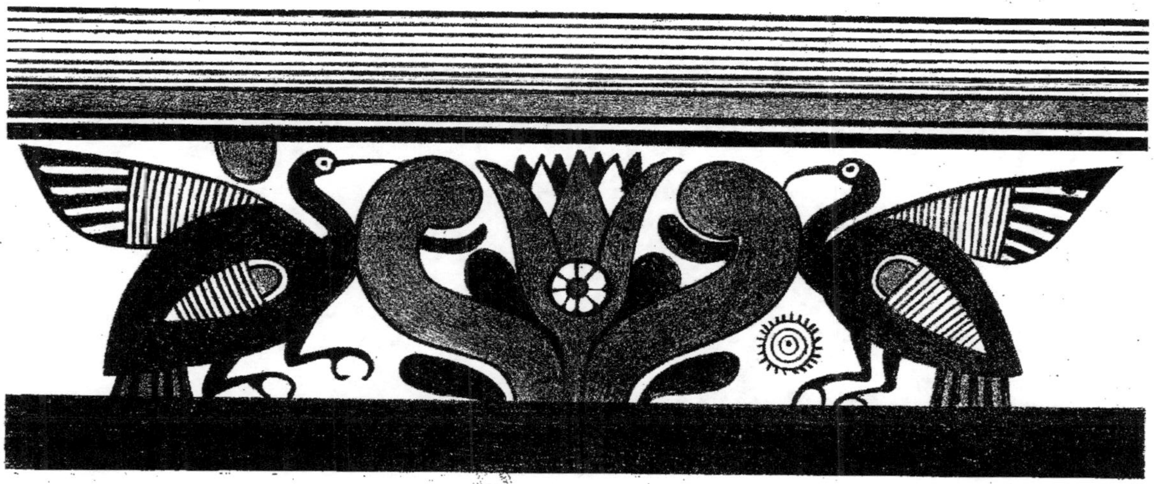

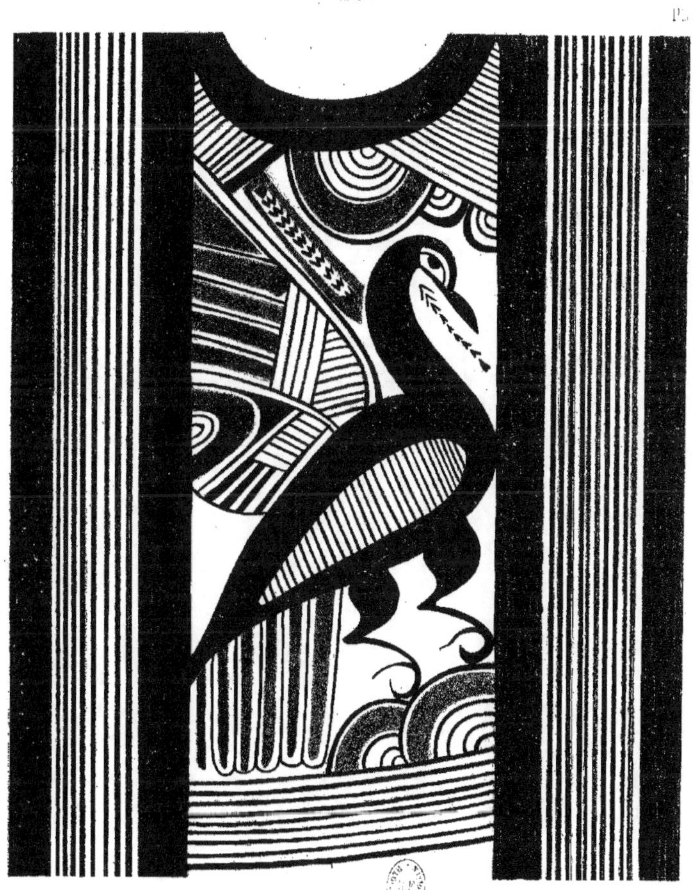

BARIL CHYPRIOTE.

Imp. Lemercier & Cie, Paris

BARIL CHYPRIOTE.

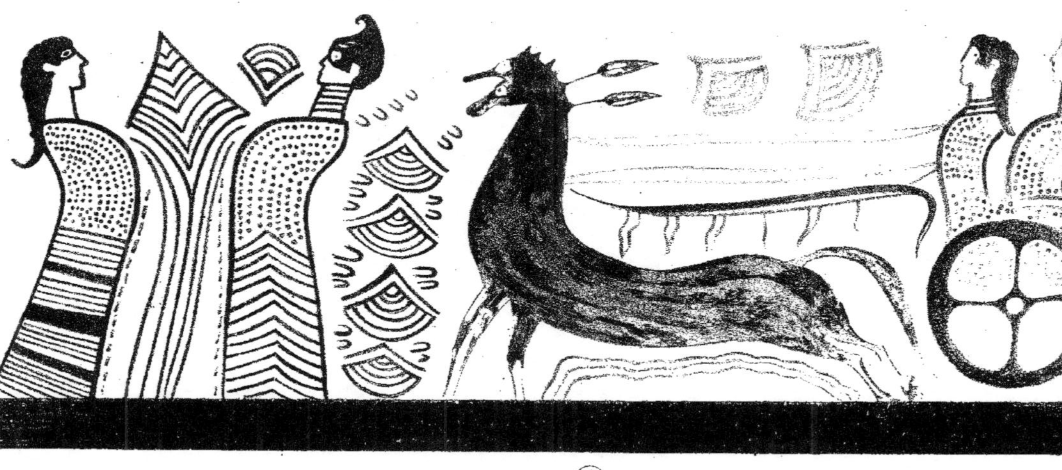

VASE CHYPRIOTE

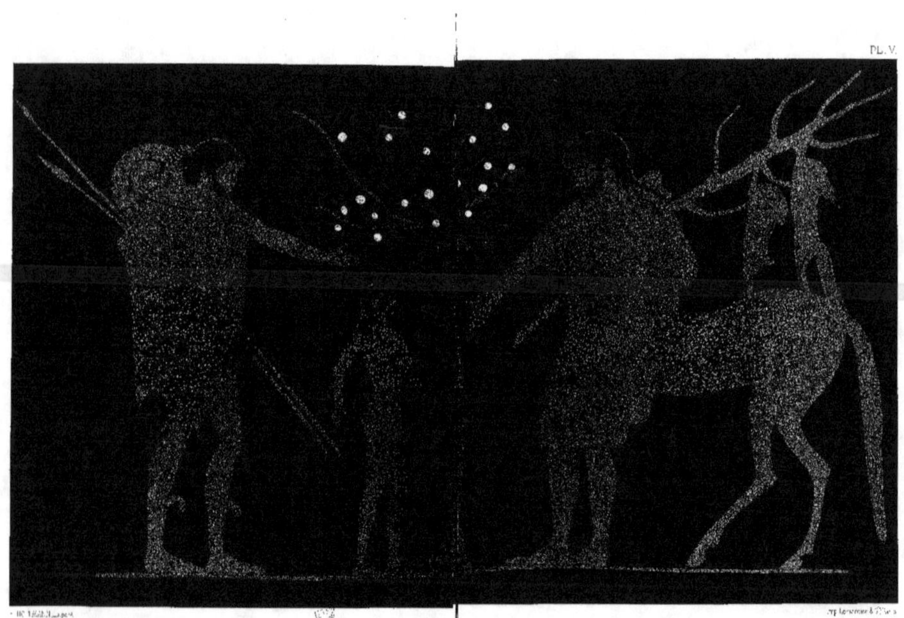

ACHILLE ENFANT CHEZ LE CENTAURE.

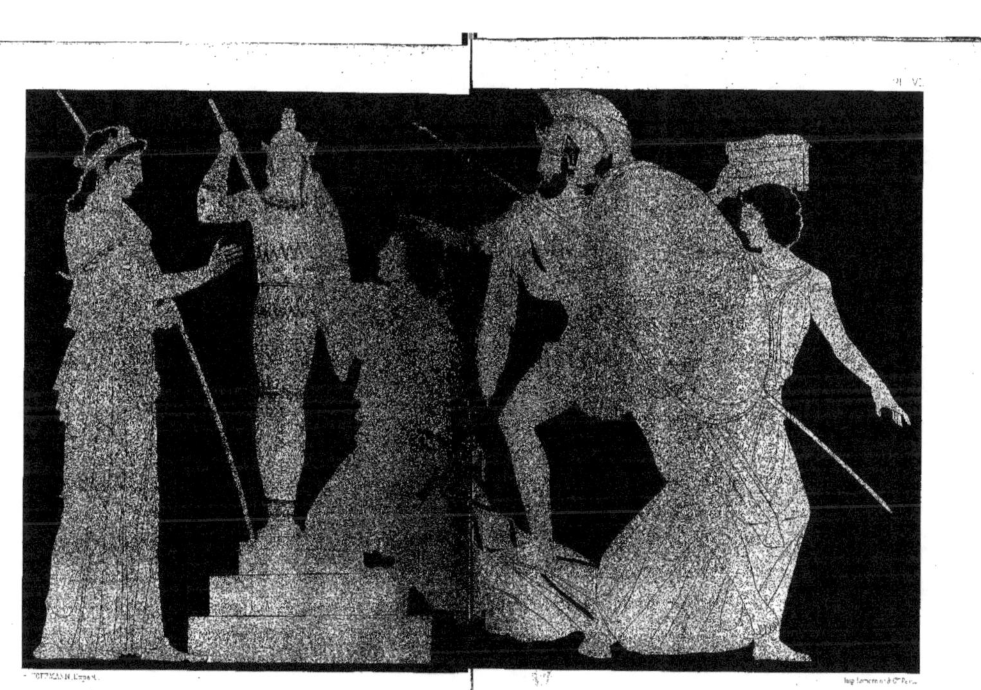

AJAX ET CASSANDRE.

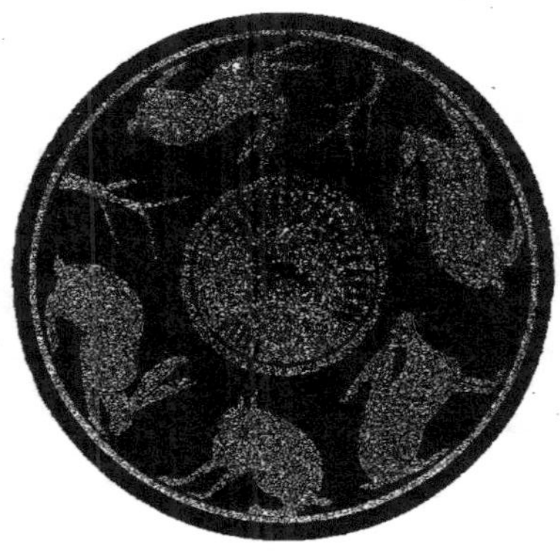

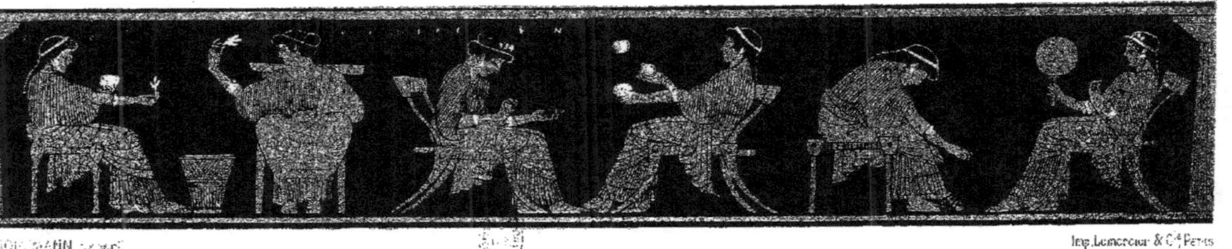

PYXIS DE MÉGAKLÈS

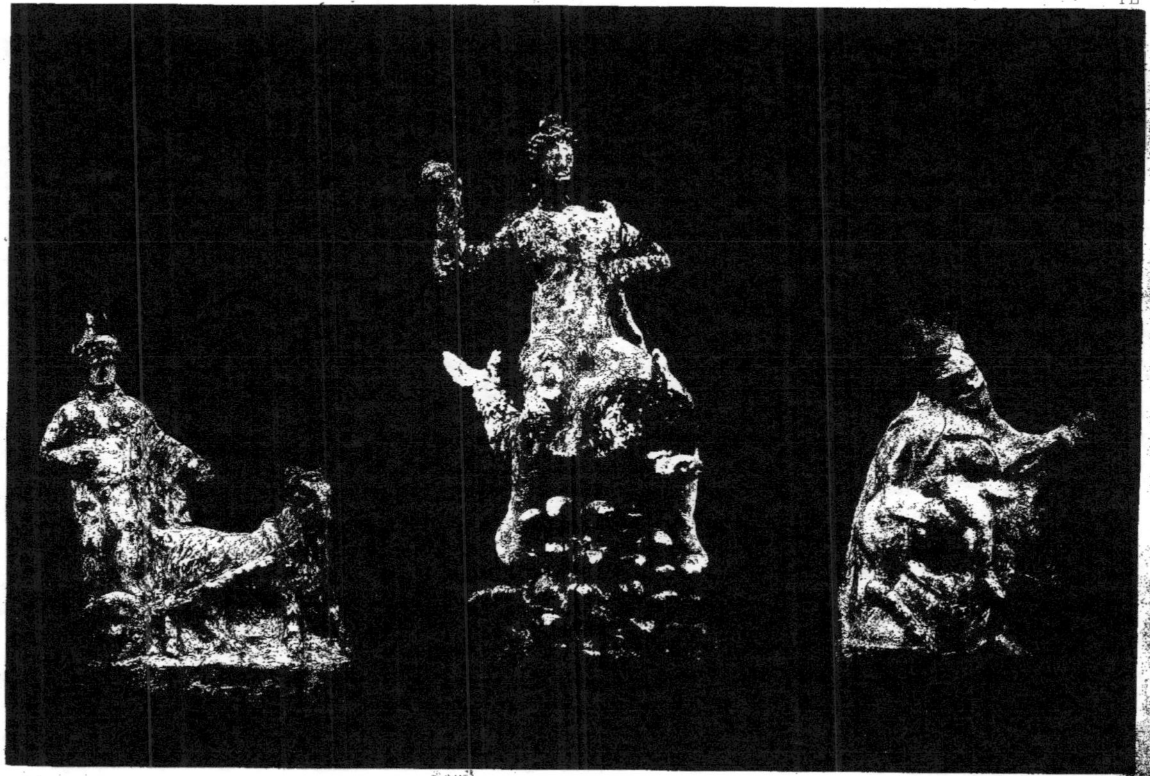

H. HOFFMANN, Expert

Phototyp. Lemercier & Cie

TERRES CUITES GRECQUES .

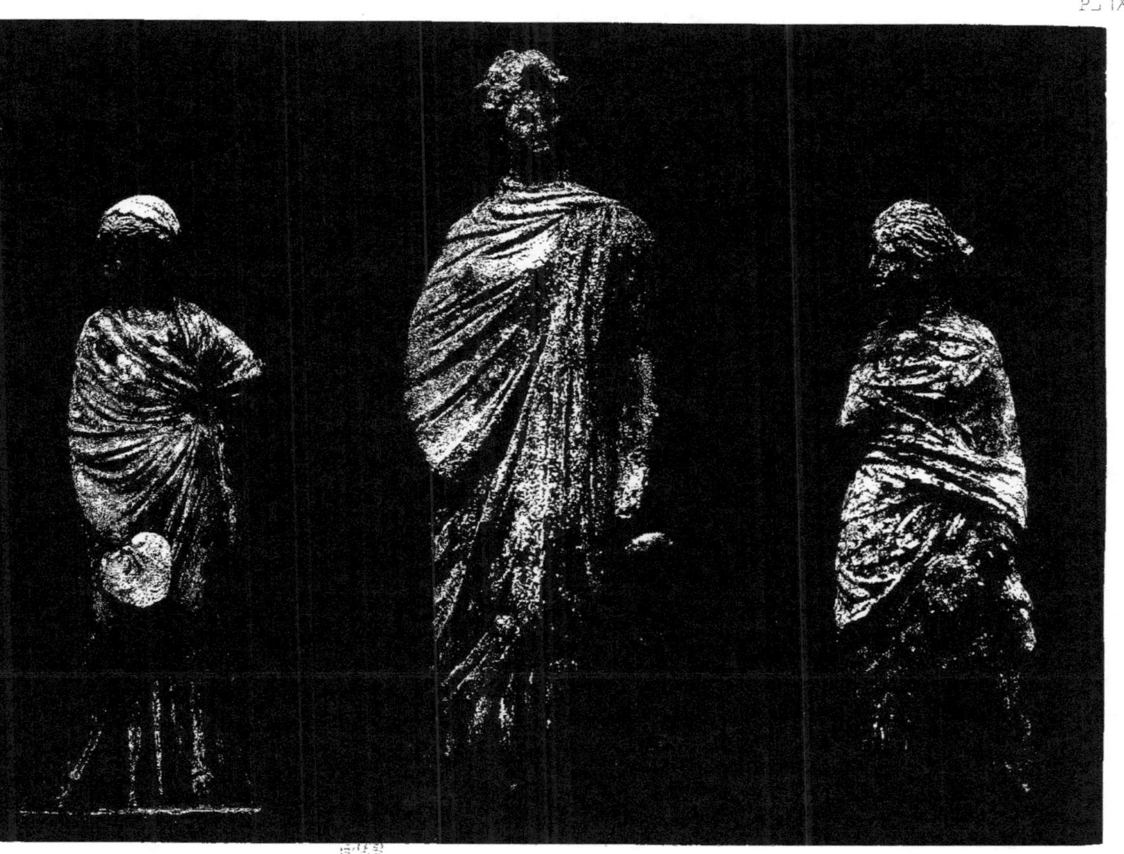

TERRES CUITES DE TANAGRA .

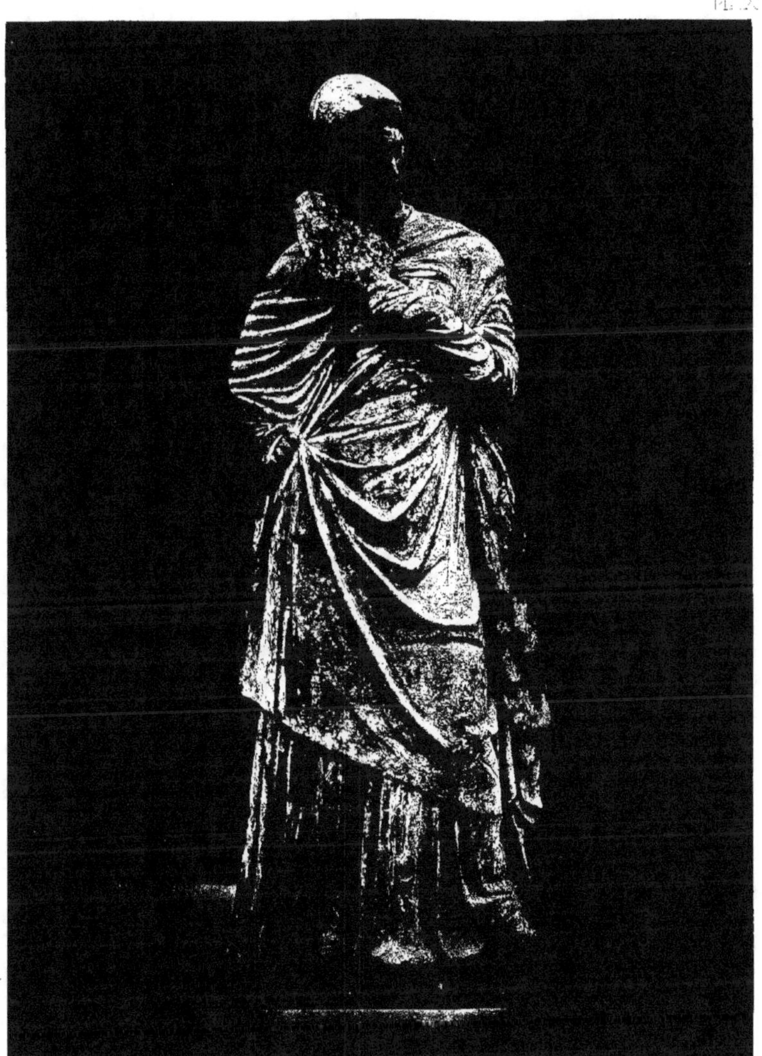

H.HOFFMANN, Expert   Photoglyp. Lemercier & Cie Paris

TERRE CUITE DE TANAGRA .

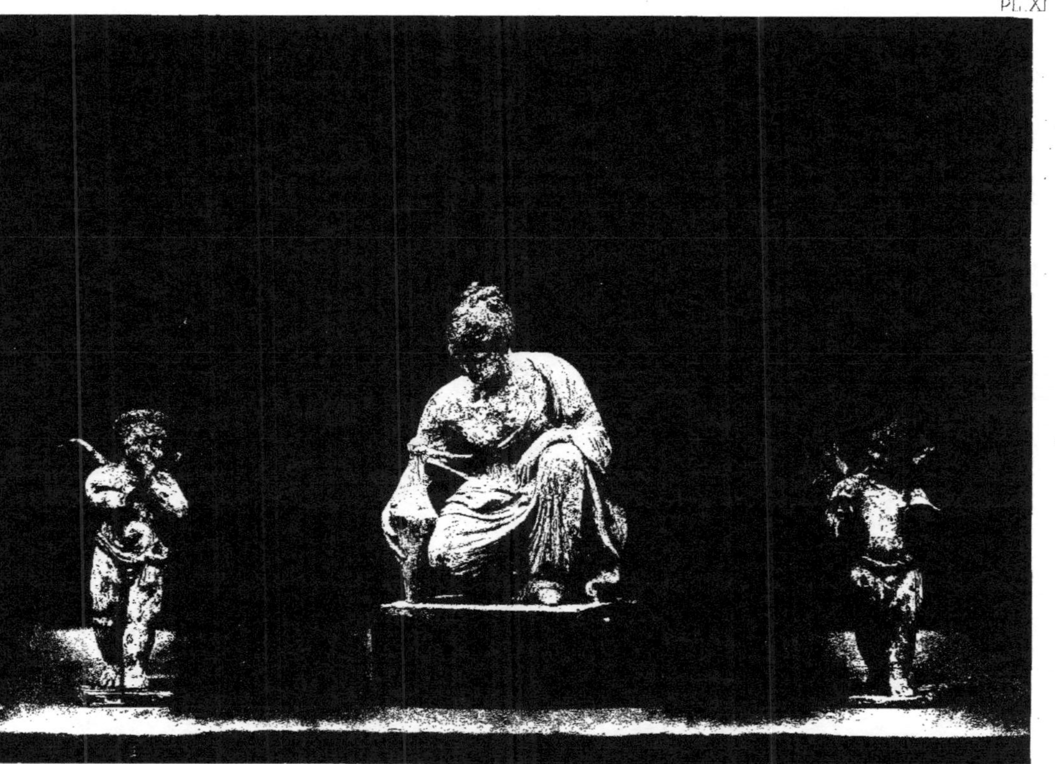

H. HOFFMANN, Export

Photogr. Lemercier & Cie. Paris

TERRES CUITES DE TANAGRA

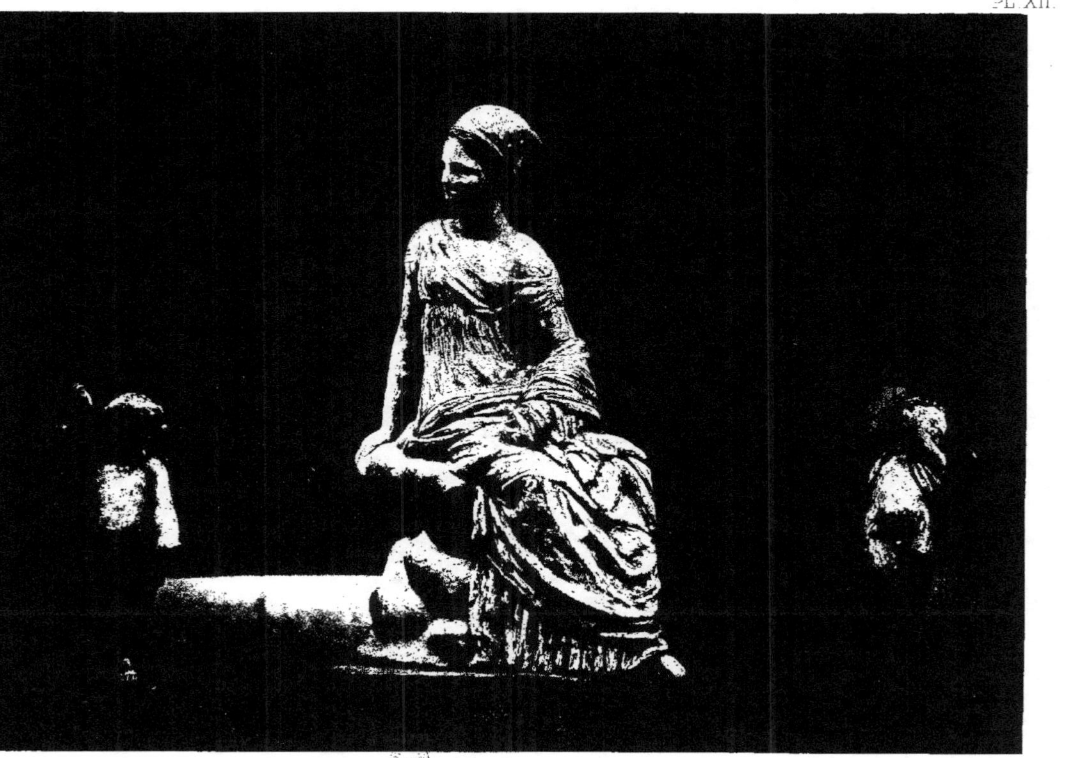

TERRES CUITES DE TANAGRA